動画付き
改訂版

小学生のバドミントン上達のコツ50

小平ジュニアバドミントンクラブ監督
城戸友行 監修

メイツ出版

はじめに

東京《とうきょう》オリンピックに続《つづ》きパリオリンピックが終《お》わり、バドミントンのジュニア育成《いくせい》が注目《ちゅうもく》を集《あつ》めています。ミックスダブルスで銅《どう》メダルの連続獲得《れんぞくかくとく》を果《は》たした「渡辺《わたなべ》・東野《ひがしの》」ペアや女子《じょし》ダブルス銅《どう》メダルを獲得《かくとく》した「志田《しだ》・松山《まつやま》」ペアなど多《おお》くのオリンピアンたちは、日《に》本《ほん》バドミントン協会《きょうかい》が主導《しゅどう》する育成《いくせい》システムで成長《せいちょう》し、ジュニア世代《せだい》から世界《せかい》で活躍《かつやく》してきたアスリートたちです。これ以外《いがい》にもたくさんの若《わか》く有力《ゆうりょく》な選手《せんしゅ》たちが、次《つぎ》のロサンゼルスオリンピックを目指《めざ》し練習《れんしゅう》に励《はげ》んでいます。

とはいえオリンピックの強化選手《きょうかせんしゅ》になるような実力《じつりょく》をつけることは、簡単《かんたん》ではありません。小学生《しょうがくせい》の頃《ころ》から基本的《きほんてき》な体《からだ》の使《つか》い方《かた》や身《み》のこなしなどを高《たか》めておくことが重要《じゅうよう》になります。そのためにジュニア世代《せだい》からバドミントンのクラブチームに所属《しょぞく》して質《しつ》の高《たか》い練習《れんしゅう》を重《かさ》ね、中学《ちゅうがく》・高校《こうこう》ではバドミントン強豪校《きょうごうこう》に進学《しんがく》し、さらに成長《せいちょう》を続《つづ》ける、というのが今《いま》の時代《じだい》トップ選手《せんしゅ》

になるための道筋《みちすじ》とされています。

地域《ちいき》によってはバドミントンのクラブチームに所属《しょぞく》できない、練習時間《れんしゅうじかん》や場所《ばしょ》を確保《かくほ》できない、という選手《せんしゅ》たちもいることでしょう。一方《いっぽう》でバドミントンのテクニックにおける巧緻性《こうちせい》やSAQ（スピード・アジリティー・クイックネス）の向上《こうじょう》は、ジュニア世代《せだい》で身《み》につけておくべきテーマです。限《かぎ》られた時間《じかん》のなかで選手自身《せんしゅじしん》はもちろん、監督《かんとく》やコーチ、親《おや》も一緒《いっしょ》に考《かんが》えて練習《れんしゅう》を重《かさ》ねていかなければなりません。

本書《ほんしょ》はバドミントンで「トップ選手《せんしゅ》を目指《めざ》す」というジュニアたちに、ぜひ参考《さんこう》にしていただきたい内容《ないよう》となっております。全国《ぜんこく》トップレベルのジュニア選手《せんしゅ》たちのプレー写真《しゃしん》や動画《どうが》を参考《さんこう》にレベルアップしていきましょう。またコーチや監督《かんとく》にあたられる方《かた》が、どのような方針《ほうしん》でバドミントンの指導《しどう》をしていけばよいか、ヒントとなる提案《ていあん》もしております。本書《ほんしょ》がバドミントンのジュニア選手育成《せんしゅいくせい》の一助《いちじょ》となれば幸《さいわ》いです。

小平《こだいら》ジュニアバドミントンクラブ　城戸友行《きどともゆき》

この本の使い方

この本《ほん》では、バドミントンで上達《じょうたつ》するためのテクニックを紹介《しょうかい》しています。基本的《きほんてき》な技術《ぎじゅつ》から試合《しあい》で使《つか》える応用技《おうようぎ》術《じゅつ》、日頃《ひごろ》から実践《じっせん》できる練習法《れんしゅうほう》まで、さまざまな種類《しゅるい》を順序《じゅんじょ》良《よ》く身《み》につけることができます。またジュニア世代《せだい》のアスリートに必要《ひつよう》な技術《ぎじゅつ》・筋力的《きんりょくてき》な要素《ようそ》や考《かんが》え方《かた》、どのように練習《れんしゅう》をしていけば良《よ》いかを巻頭《かんとう》でアドバイスしています。

最初《さいしょ》から読《よ》み進《すす》めることが理想《りそう》ですが、「ここが気《き》になる」「どうしてもマスターしたい」というテクニックがあれば、そこだけをピックアップすることもできます。ページに表示《ひょうじ》されている二《に》次元《じげん》コードを読みとることでお手本《てほん》の動画《どうが》もチェックできます。参考《さんこう》にしてテクニックをマスターしてください。

解説文《かいせつぶん》

テクニックについての知識《ちしき》、マスターするための体《からだ》やラケットの動《うご》かし方《かた》を紹介《しょうかい》している。

タイトル

テクニックの名前《なまえ》やレベル、身《み》につけられる技術《ぎじゅつ》が一目《ひとめ》でわかるようになっている。

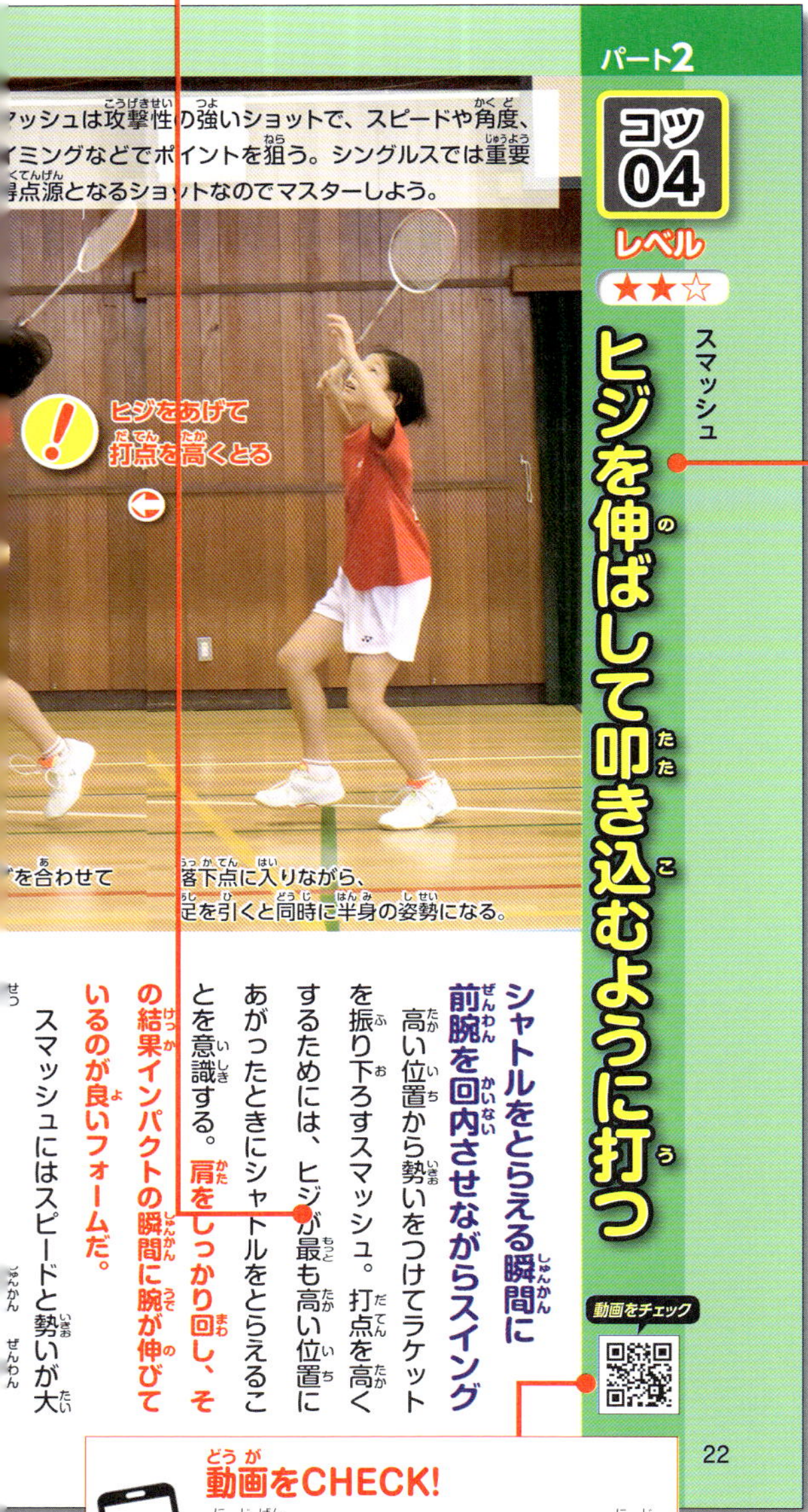

パート2
コツ04
レベル
★★☆
スマッシュ
ヒジを伸《の》ばして叩《たた》き込《こ》むように打《う》つ
ァッシュは攻撃性《こうげきせい》の強《つよ》いショットで、スピードや角度《かくど》、イミングなどでポイントを狙《ねら》う。シングルスでは重要《じゅうよう》得点源《とくてんげん》となるショットなのでマスターしよう。
ヒジをあげて打点《だてん》を高《たか》くとる
を合《あ》わせて
落下点《らっかてん》に入《はい》りながら、足《あし》を引《ひ》くと同時《どうじ》に半身《はんみ》の姿勢《しせい》になる。
シャトルをとらえる瞬間《しゅんかん》に前腕《ぜんわん》を回内《かいない》させながらスイング
高《たか》い位置《いち》から勢《いきお》いをつけてラケットを振《ふ》り下《お》ろすスマッシュ。打点《だてん》を高《たか》くするためには、ヒジが最《もっと》も高《たか》い位置《いち》にあがったときにシャトルをとらえることを意識《いしき》する。肩《かた》をしっかり回《まわ》し、その結果《けっか》インパクトの瞬間《しゅんかん》に腕《うで》が伸《の》びているのが良《よ》いフォームだ。
スマッシュにはスピードと勢《いきお》いが大《たい》
動画をチェック
22

動画《どうが》をCHECK!

二次元《にじげん》コードつきのテクニックは、二次元《にじげん》コードをスマートフォンやタブレットなどの端末《たんまつ》で、読《よ》みとることでコツと関連《かんれん》する動画《どうが》を視聴《しちょう》できる。

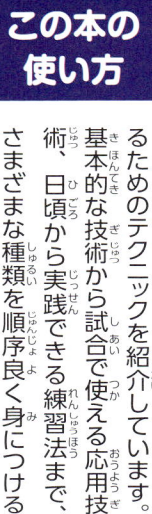

うまくなるポイント！
気《き》をつけるべきポイントや悪《わる》い例《れい》、スムーズに身《み》につけるための方法《ほうほう》をアドバイスしている。

コツ！
上達《じょうたつ》するためのコツを、写真《しゃしん》と文章《ぶんしょう》で紹介《しょうかい》している。

ココが伸《の》びる！
マスターすることで上達《じょうたつ》する部《ぶ》分《ぶん》や、試合《しあい》で使《つか》うと効果的《こうかてき》な場《ば》面《めん》などを紹介《しょうかい》している。

すばやく
前腕《ぜんわん》を回内《かいない》させ
叩《たた》きつける
打《う》った勢《いきお》いで足《あし》を前《まえ》に出《だ》し、重心《じゅうしん》を前《まえ》に移動《いどう》させよう。
打点《だてん》がもっとも高《たか》い位置《いち》でシャトルをとらえる。
うまくなるポイント！
高《たか》い打点《だてん》から
軌道《きどう》に角度《かくど》をつける
スマッシュの打点《だてん》は頭《あたま》の斜《なな》め前方《ぜんぽう》が基本《きほん》。最《もっと》も高《たか》い位置《いち》からすばやく振《ふ》ることがポイント。スマッシュの軌《き》道《どう》に角度《かくど》がつくように、なるべく高《たか》い打点《だてん》から下《した》に向《む》かって叩《たた》きつける。
を打《う》つことができる。
23

※二次元コードについては、お手持ちのスマートフォンやタブレット端末バーコードリーダー機能、または二次元コード読み取りアプリ等をご活用ください。
※機種ごとの操作方法や設定等に関するご質問には対応しかねます。その他、サーバー側のメンテナンスや更新等によって、当該ウェブサイトにアクセスできなくなる可能性もあります。ご了承ください。
※ YouTube の視聴には、別途通信料等がかかります。また、圏外でつながらないケースもあります。

※本書は2021年発行の『試合で勝てる！小学生のバドミントン上達のコツ50新装版』を基に、新たな動画コンテンツの付与と、内容の確認と必要な修正、書名・装丁の変更を行い、「改訂版」として新たに発行したものです。

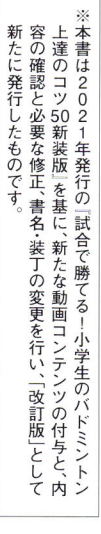

PART3 勝《か》つための実戦《じっせん》テクニック

PART4 トップ選手《せんしゅ》になるためのトレーニング

ジュニアバドミントンQ&A

ジュニア選手《せんしゅ》
上達《じょうたつ》のプロセス

PART 1

コツ00

レベル ★★★

状況《じょうきょう》に応《おう》じたショットを打《う》てるようになる

ジュニア選手《せんしゅ》の育成《いくせい》

ここが の 伸びる

全国《ぜんこく》トップレベルのジュニア選手《せんしゅ》たちは、どのような練《れん》習《しゅう》を重《かさ》ねているのだろうか。バドミントンの強豪《きょうごう》クラブである小平《こだいら》の指導法《しどうほう》や考《かんが》え方《かた》を理解《りかい》しよう。

環境《かんきょう》がバドミントンの技術《ぎじゅつ》を向上《こうじょう》させる

バドミントンの有力選手《ゆうりょくせんしゅ》の多《おお》くは、ジュニア世代《せだい》でバドミントンのクラブに所属《しょぞく》し、学年《がくねん》が進《すす》んで強豪校《きょうごうこう》でプレーする傾向《けいこう》にある。特《とく》にオリンピックに出場《しゅつじょう》するような選手《せんしゅ》は、ジュニア世代《せだい》で伝統《でんとう》あるクラブや練習《れんしゅう》にしっかり取《と》り組《く》んでいるアスリート志向《しこう》のクラブに所属《しょぞく》している。

もちろん個人《こじん》で上達《じょうたつ》し、トップレベルの選手《せんしゅ》になることは不可能《ふかのう》ではないが、バドミントンという対人競《たいじんきょう》

技《ぎ》ではどうしても難《むずか》しい部分《ぶぶん》が出《で》てくる。**練習相手《れんしゅうあいて》となるヒッティングパートナーや技術向上《ぎじゅつこうじょう》を切磋琢磨《せっさたくま》するライバルの存在《そんざい》、さらにトレーニング計画《けいかく》を立《た》てる指導者《しどうしゃ》など、日頃《ひごろ》の練習《れんしゅう》の拠点《きょてん》も含《ふく》めたあらゆる「環《かん》境《きょう》」が整備《せいび》されていないとトータルの向上《こうじょう》は期待《きたい》できない。**

全国《ぜんこく》トップレベルの実力《じつりょく》を誇《ほこ》る小平《こだいら》ジュニアの指導方針《しどうほうしん》とは

小平《こだいら》ジュニアでは〝ジュニア〟という年代《ねんだい》で、やるべきことをしっかり身《み》につけることに重点《じゅうてん》を置《お》いている。その先《さき》の中学《ちゅうがく》・高校《こうこう》でも伸《の》びしろがあるように指導《しどう》することも大事《だいじ》。

バドミントンにおいては、基本《きほん》や応《おう》用《よう》を含《ふく》めたほぼすべての技術《ぎじゅつ》をマスターする。**特《とく》にバドミントンのテクニックの「巧緻性《こうちせい》」という部分《ぶぶん》においては、ジュニア世代《せだい》の最優先課題《さいゆうせんかだい》。これを逃《のが》すと成長《せいちょう》が進《すす》んでから基本《きほん》的《てき》な技術《ぎじゅつ》をマスターしようとしても、なかなか身《み》につけることはできない。**

筋力面《きんりょくめん》では、ケガのリスクもあるので重《おも》い器具《きぐ》は使《つか》わず、自重系《じじゅうけい》を中《ちゅう》心《しん》にしたトレーニングを行う。負荷《ふか》があるとしても500グラム程度《ていど》のメディスンボールなどにし、本格的《ほんかくてき》なウェイトトレーニングは行《おこな》わない。むしろSAQという「スピード・アジリティ・クイックネス」を高《たか》めていくことに主眼《しゅがん》を置《お》き、体《からだ》の軸《じく》を意《い》識《しき》してトレーニングすることで、身《しん》体《たい》の使《つか》い方《かた》やバランス力《りょく》を高《たか》めていくことが大事《だいじ》だ。

バドミントンの動作《どうさ》は体《からだ》の軸《じく》がカギを握《にぎ》る

バドミントンは「跳《と》ぶ、止《と》まる、走《はし》る」など多様《たよう》なフットワークを使《つか》いつつ、激《はげ》しい動《うご》きのなかでラケットをコントロールしたり、操作《そうさ》しな

ければならない。**動作《どうさ》のなかで「上下《じょうげ》」「左右《さゆう》」「前後《ぜんご》」で軸《じく》を意識《いしき》し、さらに左右非対称《さゆうひたいしょう》の動《うご》きでは「中心《ちゅうしん》」の軸《じく》を維持《いじ》しなければならない。その状《じょう》態《たい》でショットの準備《じゅんび》ができていることがポイント。**そうすることでショットでのミスが減《へ》ることはもちろん、正《ただ》しいフォーム・姿勢《しせい》から強《つよ》いシャトルやコントロールされたシャトルが打《う》てるようになる。これは日頃《ひごろ》のトレーニングでの意識《いしき》と「コアトレーニング」などのエクササイズによって身《み》につけることができる。

優《すぐ》れたテクニックを生《い》かすための状況判断《じょうきょうはんだん》

バドミントンでは、土台《どだい》となる基《き》本《ほん》ストロークの上《うえ》に、応用《おうよう》のショットを積《つ》み重《かさ》ねていくことが上達《じょうたつ》のプロセスとされている。しかし本《ほん》に書《か》いてあるストローク名《めい》は、あくまでテクニックの分類《ぶんるい》であって、試合《しあい》ではコースやエリア、状況《じょうきょう》によって打《う》ち方《かた》、力加減《ちからかげん》が変《か》わってくる。

例《たと》えばシャトルをフォアコートからリアコートにあげる「ロブ」をマレーシアでは「リフト」という。日《に》本《ほん》では単純《たんじゅん》に「ストレートのロブ」「クロスのロブ」という呼《よ》び方《かた》をするのに対《たい》し、マレーシアでは、クロスに対《たい》してストレートにロブを打《う》つことを「ワイドリフト」、ストレートに対《たい》してクロスのロブを打《う》つことも「ワイドリフト」といい、「相手《あいて》をワイドに動《うご》かす」という使《つか》い方《かた》をしている。

日本《にほん》では飛《と》んできたシャトルを「相《あい》手《て》のどこに返球《へんきゅう》するか」という部分《ぶぶん》が、あまり考《かんが》えられてこなかった。ジュニア世代《せだい》において巧緻性《こうちせい》を高《たか》めるためには、状況《じょうきょう》によっての技術《ぎじゅつ》の使《つか》い方《かた》を身《み》につけることも大切だ。

クロスネットを例《れい》にしても、ネットギリギリに接近《せっきん》したところからのクロスネットと、やや距離《きょり》があるネットから1mほど離《はな》れたところでは全《まった》く違《ちが》うショットとも考《かんが》えられる。練習《れんしゅう》するにしても状況《じょうきょう》をみて、どこに返球《へんきゅう》することが良《よ》いのか考《かんが》えることが大切《たいせつ》。指導者《しどうしゃ》も「この局面《きょくめん》ではこういう技術《ぎじゅつ》が必要《ひつよう》」というアドバイスの後《あと》に練習《れんしゅう》に入《はい》り、イメージできない選手《せんしゅ》に対《たい》しては映像《えいぞう》などで具《ぐ》体的《たいてき》に解説《かいせつ》することも必要《ひつよう》だ。

ライバルと切磋琢磨《せっさたくま》して バドミントンを上達《じょうたつ》させる

バドミントンを上達《じょうたつ》させるためには、同《おな》じ学年《がくねん》のなかにライバルがいるというのは重要《じゅうよう》だ。たとえ同学年《どうがくねん》がいなくとも、上下《じょうげ》の学年《がくねん》に優《すぐ》れている選手《せんしゅ》がいるはずなので、目標《もくひょう》やライバルとなる選手《せんしゅ》を見《み》つけること。

個人《こじん》の資質《ししつ》に関《かん》しては、選手《せんしゅ》の顔《かお》が十人十色《じゅうにんといろ》であるように、選手《せんしゅ》それぞれの個性《こせい》もあり一概《いちがい》には言《い》えない。アドバイスに対《たい》して素直《すなお》に聞《き》く姿勢《しせい》は大事《だいじ》だが、**言《い》われたことしかできない受《う》け身《み》の選手《せんしゅ》は、最後《さいご》に行《い》き詰《づ》まってしまう。アドバイスを受《う》け入《い》れられる「素直《すなお》さ」と、しっかり自《じ》分《ぶん》の頭《あたま》で考《かんが》えられる「自立性《じりつせい》」を兼《けん》備《び》している選手《せんしゅ》が伸《の》びる可能性《かのうせい》が高い。**

コツ+α

レベル ★☆☆

コートのサイズを理解《りかい》する

コートの大《おお》きさと名称《めいしょう》

バックバウンダリーライン
最後部《さいこうぶ》のライン。シングルスではサービスの最終《さいしゅう》ラインとなる。

ダブルスのロングサービスライン
ダブルスにおけるサービスの最終《さいしゅう》ライン。

センターライン
サービスコートを左右《さゆう》に分《わ》ける中央《ちゅうおう》のライン。

サイドライン
シングルスでは左右内側《さゆううちがわ》のライン。ダブルスでは左右外側《さゆうそとがわ》のライン。

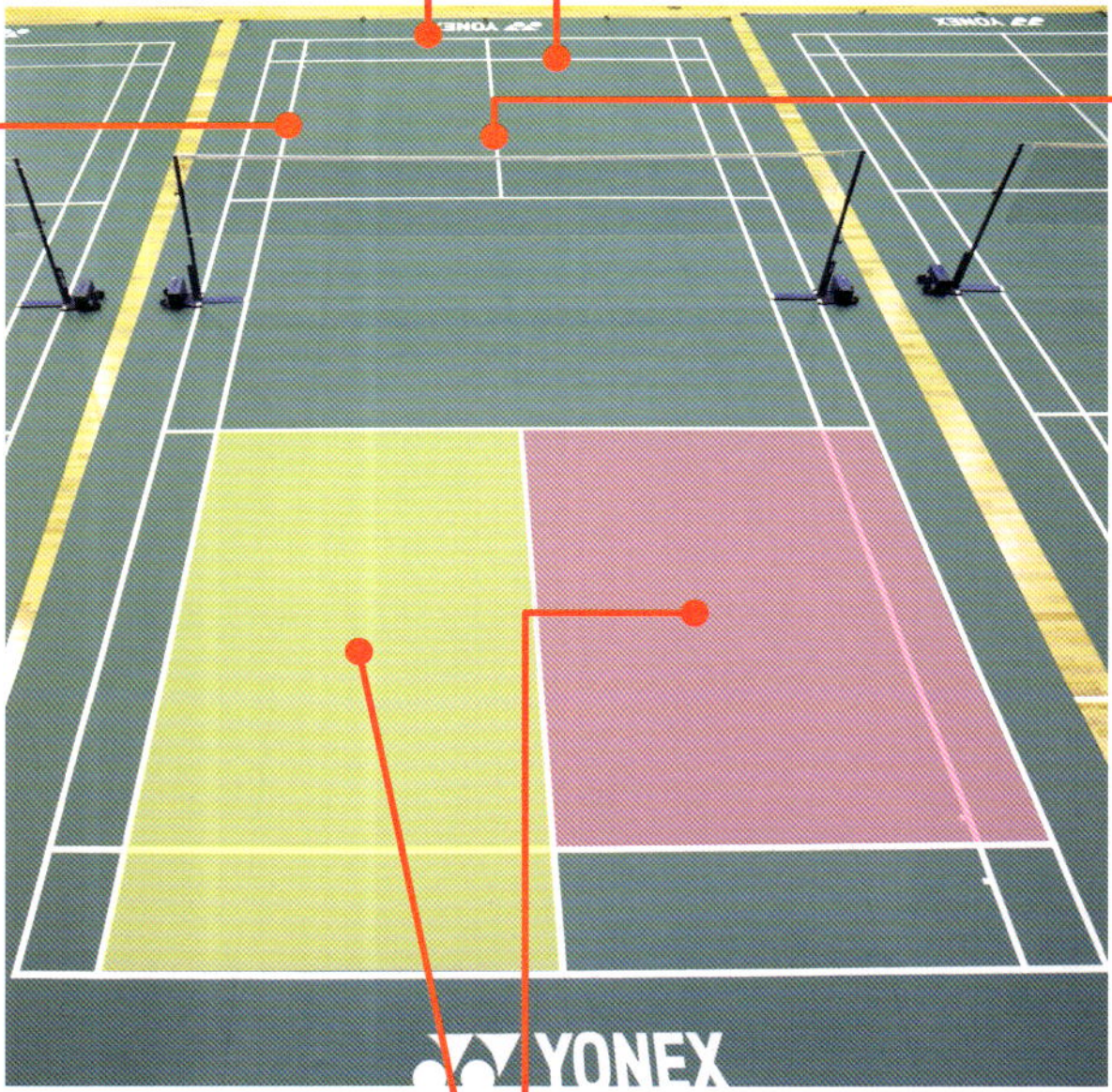

シングルスサービスコート
シングルスでサービスできるスペース。

ダブルスサービスコート
ダブルスでサービスできるスペース。

コートの規格《きかく》・名称《めいしょう》

バドミントンのコートはタテ13・4m、横《よこ》がシングルス5・18m、ダブルス6・1mと決《き》められている。コート内《ない》にはサイドライン、センターライン、バックバウンダリーライン、サービスラインが引《ひ》かれている。競技《きょうぎ》はコート内《ない》で行《おこな》われ、ラインを踏《ふ》みながらのサービスは反則《はんそく》となる。ネットは中央《ちゅうおう》が1・524mになるように張《は》られる。ネットを支《ささ》える柱《はしら》の高《たか》さは1・55mである。

バスケットやテニスなどと比《くら》べるとバドミントンのコートはやや小《ちい》さめだが、小《ちい》さいコートで繰《く》り広《ひろ》げられるハイスピードのラリーの迫力《はくりょく》は、ほかのスポーツに勝《まさ》るとも劣《おと》らない。

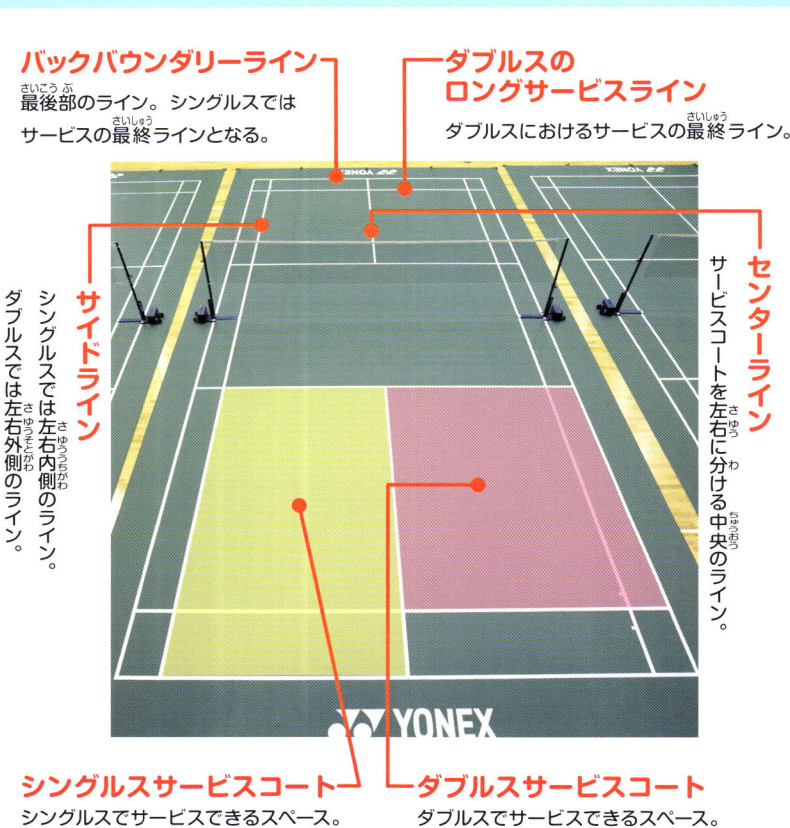

レベルアップする
基《き》本《ほん》ストローク

PART 2

コツ01

レベル ★★★

ストロークの種類《しゅるい》

状況《じょうきょう》によってショットを使《つか》い分《わ》ける

ここが伸びる

ジュニア選手《せんしゅ》がバドミントンをうまくなるためには、基本《きほん》ストロークのマスターが欠《か》かせない。技術《ぎじゅつ》の土台《どだい》となる状況《じょうきょう》別《べつ》のショットの種類《しゅるい》を理解《りかい》して上達《じょうたつ》しよう。

どんな状況《じょうきょう》でもベストのショットが打《う》てるよう練習《れんしゅう》する

ストロークには、ラケットを真上《まうえ》から振《ふ》りおろす「オーバーヘッドストローク」と、横《よこ》からのスイングになる「サイドアームストローク」、下《した》からすくいあげように打《う》つ「アンダーハンドストローク」がある。**シャトルに対《たい》しての距離《きょり》やインパクトの高《たか》さによって使《つか》い分《わ》ける。**

自分《じぶん》の体《からだ》のどちら側《がわ》でシャトルを返《へん》球《きゅう》するかで「フォアハンド」と「バックハンド」の切《き》り替《か》えも必要《ひつよう》。あらゆる状況《じょうきょう》からベストのショットが打《う》てるようトレーニングしなければならない。

構え

前後左右《ぜんごさゆう》、強弱《きょうじゃく》に対応《たいおう》できる構《かま》えをつくる

シャトルを待《ま》つには、まず「構《かま》え」が必要《ひつよう》だ。相手《あいて》がどんな体勢《たいせい》から、どのような種類《しゅるい》のショットを打《う》つのか、しっかり見極《みきわ》めながら前後左右《ぜんごさゆう》、スピードの強弱《きょうじゃく》にも対応《たいおう》できる自然体《しぜんたい》の構《かま》えで待《ま》つ。

バックハンド　フォアハンド

得意不得意《とくいふとくい》なくストロークを強化《きょうか》する

ラケットを持《も》つ利《き》き腕側《うでがわ》にきたシャトルを打《う》つストロークを「フォアハンド」、逆側《ぎゃくがわ》を「バックハンド」という。どちらも同《おな》じように打《う》ち返《かえ》せなければ、相手《あいて》につけ入《い》るスキを与《あた》えてしまう。フォアハンド、バックハンドともに強化《きょうか》が必要《ひつよう》。

応用のショット

状況《じょうきょう》や位置《いち》によってショットを使《つか》い分《わ》ける

試合《しあい》ではいつもオーバーハンドストロークで打《う》てるわけではない。またネット際《ぎわ》ではスイングに制限《せいげん》があったり、柔《やわ》らかいラケット操作《そうさ》も必要《ひつよう》。チャンスとなれば決《き》めに行《い》く力強《ちからづよ》いショットを、ピンチではつなぐためのショットを使《つか》い分《わ》けていく。

ダブルス

うまくなるポイント!

シングルスで勝《か》てる選手《せんしゅ》を目指《めざ》す

ジュニア選手《せんしゅ》の場合《ばあい》、ダブルス専門《せんもん》のプレーヤーはまだいない。まずは基本《きほん》となる技術《ぎじゅつ》をマスターして、シングルスで勝《か》てるプレーヤーを目指《めざ》す。そのうえで自分《じぶん》の得意《とくい》な技術《ぎじゅつ》をダブルスの試合《しあい》で生《い》かしていくことが理想《りそう》だ。

コツ02

レベル ★☆☆

半身《はんみ》の姿勢《しせい》から高《たか》い位置《いち》でシャトルを打《う》つ

クリア（オーバーヘッドストローク）

ここが伸《の》びる

オーバーヘッドストロークからのクリアーは、ショットの基本《きほん》テクニック。力強《ちからづよ》くシャトルを打《う》てれば、相手《あいて》をコート奥《おく》まで動《うご》かし、ラリーの主導権《しゅどうけん》を握《にぎ》ることができる。

落下地点《らっかちてん》に入《はい》りながら、足《あし》を引《ひ》くと同時《どうじ》に肩《かた》を後《うし》ろに引《ひ》いて半身《はんみ》の姿勢《しせい》になる。

引《ひ》いた足《あし》を思《おも》いっきり蹴《け》って、ヒジを先行《せんこう》させてラケットを振《ふ》る。

片足《かたあし》を引《ひ》いて半身《はんみ》になって構《かま》える

すべてのショットの基本《きほん》だが、フットワークを使《つか》ってシャトルの落下地点《らっかちてん》にすばやく入《はい》ることが大切《たいせつ》。飛《と》んできたシャトルに対《たい》し、片足《かたあし》を引《ひ》いて半身《はんみ》に構《かま》え、ラケットを持《も》っている方《ほう》の肩《かた》を引《ひ》いて、ネットに対《たい》し垂直《すいちょく》に立《た》つ。

ヒジをあげ頭上《ずじょう》の高《たか》い位置《いち》でシャトルをとらえることを意識《いしき》しよう。このとき**重心《じゅうしん》の移動《いどう》を利用《りよう》してヒジから先行《せんこう》するように、しなやかにラケットを振《ふ》る。**打《う》ち終《お》わった後《あと》は、右足《みぎあし》を前《まえ》に出《だ》し構《かま》え、次《つぎ》のプレーに備《そな》えること。

大《おお》きく振《ふ》り抜《ぬ》き、打《う》ち終《お》わったら
蹴《け》った足《あし》を前《まえ》に出《だ》して次《つぎ》のショットに備《そな》える。

インパクトで
手《て》のひらが下《した》を向《む》くように
前腕《ぜんわん》を回内《かいない》させる

振《ふ》り抜《ぬ》いたラケットはスムーズにおろし、
前《まえ》に重心《じゅうしん》が移動《いどう》する。

うまくなるポイント!

体《からだ》の軸《じく》を維持《いじ》して高《たか》い打点《だてん》でヒットする

体《からだ》の軸《じく》はできるだけまっすぐキープしてスイングする。空中《くうちゅう》でも姿勢《しせい》を維持《いじ》できると力強《ちからづよ》いショットが打《う》てるようになる。高《たか》い打点《だてん》でラケット面《めん》をシャトルのコルクに対《たい》してフラットに当《あ》てることがポイント。

コツ03

レベル ★☆☆

ドロップ

ラケット面《めん》で押《お》し出《だ》すように打《う》つ

ここが伸《の》びる

ドロップはオーバーヘッドストロークのフォームからネット際《きわ》に緩《ゆる》やかに落《お》ちる軌道《きどう》のショット。相手《あいて》がコート後《うし》ろで構《かま》えているときに使《つか》うと効果的《こうかてき》なショット。

落下地点《らっかちてん》に入《はい》り、足《あし》を引《ひ》いて半身《はんみ》になって構《かま》える。

クリアーと同《おな》じようにオーバーヘッドストロークのバックスイングに入《はい》る。

ネット際《ぎわ》に緩《ゆる》やかな軌道《きどう》で落《お》とす

クリアーと同《おな》じフォームで、頭上《ずじょう》の斜《なな》め上《うえ》でシャトルをとらえる。ラケットに当《あ》たる瞬間《しゅんかん》に力《ちから》を抜《ぬ》くようなイメージで、シャトルを押《お》し出《だ》すように、相手《あいて》コートのネット際《ぎわ》に落《お》とす。**ゲーム中《ちゅう》のラリーではネット際《ぎわ》の短《みじか》い位置《いち》にコントロールできれば、相手《あいて》を前《まえ》に走《はし》らせることができる。**

逆《ぎゃく》にショットの軌道《きどう》が浮《う》いてしまうと、スピードが遅《おそ》いショットなので相《あい》手《て》にチャンスを与《あた》えることになるので注意《ちゅうい》しよう。

動画をチェック

フォロースルーをとり、
返球《へんきゅう》に備《そな》えて構《かま》える。
ラケットの面《めん》で
とらえて押《お》し出《だ》す
ラケットは力《ちから》を抜《ぬ》きつつも
振《ふ》り抜《ぬ》き、押《お》し出《だ》すような
イメージで打《う》つ。

うまくなるポイント!

打点《だてん》をできるだけ高《たか》くとる

ラケットを振《ふ》る際《さい》は、力《ちから》を緩《ゆる》めすぎて打点《だてん》が下《さ》がり、ネットにひっかかるおそれがあるので注意《ちゅうい》。打点《だてん》を高《たか》くとり、ネットに対《たい》して、ギリギリの軌道《きどう》で跳《と》び、前《まえ》に落《お》とすイメージで打《う》つのが基本《きほん》。

コツ04

レベル ★★☆

スマッシュ

ヒジを伸《の》ばして叩《たた》き込《こ》むように打《う》つ

ここが伸《の》びる

スマッシュは攻撃性《こうげきせい》の強《つよ》いショットで、スピードや角度《かくど》、タイミングなどでポイントを狙《ねら》う。シングルスでは重要《じゅうよう》な得点源《とくてんげん》となるショットなのでマスターしよう。

シャトルにタイミングを合《あ》わせて足《あし》を踏《ふ》み切《き》る。

落下点《らっかてん》に入《はい》りながら、足《あし》を引《ひ》くと同時《どうじ》に半身《はんみ》の姿勢《しせい》になる。

シャトルをとらえる瞬間《しゅんかん》に前腕《ぜんわん》を回内《かいない》させながらスイング

高《たか》い位置《いち》から勢《いきお》いをつけてラケットを振《ふ》り下《お》ろすスマッシュ。打点《だてん》を高《たか》くするためには、ヒジが最《もっと》も高《たか》い位置《いち》にあがったときにシャトルをとらえることを意識《いしき》する。**肩《かた》をしっかり回《まわ》し、その結果《けっか》インパクトの瞬間《しゅんかん》に腕《うで》が伸《の》びているのが良《よ》いフォームだ。**

スマッシュにはスピードと勢《いきお》いが大切《たいせつ》。シャトルをとらえた瞬間《しゅんかん》に前腕《ぜんわん》を回内《かいない》させると、勢《いきお》いよく下《した》に向《む》かってシャトルを叩《たた》きつけるようなショットを打《う》つことができる。

動画をチェック

打《う》った勢《いきお》いで足《あし》を前《まえ》に出《だ》し、
重心《じゅうしん》を前《まえ》に移動《いどう》させよう。

打点《だてん》がもっとも高《たか》い位置《いち》で
シャトルをとらえる。

うまくなるポイント!

高《たか》い打点《だてん》から軌道《きどう》に角度《かくど》をつける

スマッシュの打点《だてん》は頭《あたま》の斜《なな》め前方《ぜんぽう》が基本《きほん》。最《もっと》も高《たか》い位置《いち》からすばやく振《ふ》ることがポイント。スマッシュの軌《き》道《どう》に角度《かくど》がつくように、なるべく高《たか》い打点《だてん》から下《した》に向《む》かって叩《たた》きつける。

コツ05

レベル ★★☆

バックハンドで高《たか》く遠《とお》くに飛《と》ばす

ハイバック（クリアー）

ここが伸びる

ハイバックは、自分《じぶん》の背後《はいご》に打《う》たれたシャトルを相手《あいて》に背《せ》を向《む》けて打《う》つショット。相手《あいて》コートの深《ふか》い位置《いち》まで飛《と》ばすことで、守勢《しゅせい》にまわっているラリーを立《た》て直《なお》すことができる。

シャトルを見《み》ながら、ラケットフットを一歩横《いっぽよこ》に踏《ふ》み込《こ》む。

背後《はいご》に飛《と》んだシャトルを追《お》い、ヒジをさげて、ラケットヘッドをあげ落下点《らっかてん》に移動《いどう》する。

相手《あいて》コートに背《せ》を向《む》け弾《はじ》くように打つ

ハイバックのポイントは、半身《はんみ》ではなくしっかり相手《あいて》コートに背《せ》を向《む》けること。相手《あいて》に背《せ》を向《む》けながらヒジをあげ、自分《じぶん》の頭《あたま》を抜《ぬ》かれたシャトルの軌《き》道《どう》を読《よ》みながら、**グリップの握《にぎ》り方《かた》をバックハンドに変《か》えて、返球《へんきゅう》の狙《ねら》いを定《さだ》める。**

シャトルからは目《め》を離《はな》さないようにし、ヒジをシャトルに向《む》ける。インパクトで手《て》の甲《こう》を相手《あいて》に向《む》け、大振《おおぶ》りしないでインパクトで弾《はじ》くようにラケットを小《ちい》さく振《ふ》る。

動画をチェック

打《う》ち終《お》わった後《あと》は
すばやく体勢《たいせい》を整《ととの》える。

インパクトは弾《はじ》くように、上腕《じょうわん》を外施《がいせん》、
手《て》のひらが上《うえ》を向《む》くように
前腕《ぜんわん》を回外《かいがい》させラケットを振《ふ》る。

うまくなるポイント!

親指《おやゆび》でラケットを支《ささ》えて握《にぎ》る

シャトルの軌道《きどう》を読《よ》み、追《お》いかけながら、親指《おやゆび》でラケットを支《ささ》えるように持《も》つ、バックハンドの握《にぎ》り方《かた》にしておく。インパクトの瞬間《しゅんかん》に強《つよ》くグリップを握《にぎ》ることでラケットを操作《そうさ》する。

コツ06

レベル ★★☆

背後《はいご》のシャトルをバックでコントロールする

ハイバック（ドロップ）

ここが伸《の》びる

背後《はいご》に打《う》たれたシャトルをハイバックからドロップで返球《へんきゅう》する。正確《せいかく》に打《う》つには高度《こうど》な技術《ぎじゅつ》が必要《ひつよう》だが、マスターしておけば相手《あいて》のウラをかくショットとして活用《かつよう》できる。

ヒジをシャトルに向《む》ける

シャトルを見《み》ながら、ラケットフットを一歩横《いっぽよこ》に踏《ふ》み込《こ》む。

背後《はいご》に飛《と》んだシャトルを追《お》い、ヒジをさげ、ラケットヘッドをあげて落下点《らっかてん》に移動《いどう》する。

相手《あいて》コートに背《せ》を向《む》け押《お》し出《だ》すように振《ふ》る

ハイバックからのドロップは、できるだけクリアーと同《おな》じフォームで打つことがポイント。ショットはネットのギリギリを飛《と》び、コート手前《てまえ》に落《お》ちるような軌道《きどう》を描《えが》く。**クリアーを読《よ》んでいる相手《あいて》には、ウラをかくショットとなり、前《まえ》に走《はし》らせることができる。**

シャトルからは目《め》を離《はな》さないようにし、ヒジをあげる。インパクトで手《て》の甲《こう》は相手《あいて》に向《む》け、大振《おおぶ》りしないでラケット面《めん》で押《お》し出《だ》すようにスイングする。

打《う》ち終《お》わった後《あと》は、ラケットの運動《うんどう》を利用《りよう》して
すばやく体勢《たいせい》を整《ととの》える。

インパクトは力《ちから》を抜《ぬ》きつつも振《ふ》り抜《ぬ》き、
押《お》し出《だ》すようなイメージで打《う》つ。

うまくなるポイント!

クリアーと見《み》せかけてドロップを打《う》つ

いくらドロップを正確《せいかく》にコントロールしても、相手《あいて》がそれを読《よ》んでしまえば効果的《こうかてき》なショットにならない。落下点《らっかてん》に入《はい》りシャトルをインパクトする直前《ちょくぜん》までは、クリアーと同《おな》じフォームであることが理想《りそう》だ。

コツ07

レベル ★☆☆

ヒジを軽《かる》く曲《ま》げリストスタンドして打《う》つ

サイドアーム フォア（ロングリターン）

ここが伸《の》びる

ラリーの展開《てんかい》でやや守《まも》りにまわっているときに有効《ゆうこう》なのがサイドアームからのストロークだ。腰《こし》から胸《むね》あたりに飛《と》んできたシャトルをロングリターンする。

足《あし》を大《おお》きく踏《ふ》み込《こ》み、腰《こし》をひねるように回転《かいてん》させる。

シャトルを目《め》で追《お》いながら、飛《と》んでくる方《ほう》へ足《あし》を広《ひろ》げる。

肩《かた》を先導《せんどう》させ ヒジを支点《してん》にスイングする

腰《こし》から胸《むね》の辺《あた》りに飛《と》んでくるシャトルは、攻撃《こうげき》されているときに多《おお》い。すばやくスイング体勢《たいせい》に入《はい》り、サイドアームで対応《たいおう》する必要《ひつよう》がある。

できるだけ高《たか》い打点《だてん》で、**ヒジを伸《の》ばしきらず腰《こし》の回転《かいてん》をすばやく指先《ゆびさき》にまで伝《つた》える。**インパクトでワキを空《あ》けず、しっかりと振《ふ》り切《き》ることが大切《たいせつ》だ。

低《ひく》い位置《いち》でシャトルをとらえると、ネットにかかりやすく、左右《さゆう》のコントロールもつけにくくなるので注意《ちゅうい》。

しっかりと振《ふ》り切《き》り、次《つぎ》の動作《どうさ》に備《そな》える。

腰《こし》の回転《かいてん》を指先《ゆびさき》にまで伝《つた》えるイメージでラケットを振《ふ》る。

うまくなるポイント!

足《あし》を踏《ふ》み出《だ》し ワキを締《し》めてスイング

踏《ふ》み込《こ》みが浅《あさ》くなるとワキが空《あ》いてしまう。そうなるとインパクト時《じ》に力《ちから》が入《はい》らず、速《はや》いシャトルが打《う》てなくなってしまうので注意《ちゅうい》。足《あし》を大《おお》きく踏《ふ》み出《だ》し、ワキは軽《かる》く締《し》めて、ラケットを振《ふ》るように意識《いしき》しよう。

コツ08

レベル ★★☆

コンパクトなスイングで速《はや》い球《たま》を打《う》つ

サイドアーム　フォア（ドライブ）

ここが伸《の》びる 激《はげ》しいラリーの展開《てんかい》でシャトルをネットすれすれに飛《と》ばすのがドライブショットだ。腰《こし》から胸《むね》あたりに飛《と》んできたシャトルをすばやくサイドアームで打《う》ち返《かえ》す。

逆足《ぎゃくあし》に重心《じゅうしん》をかけ、ラケットフットで踏《ふ》み込《こ》む準備《じゅんび》をする

リラックスした構《かま》えからシャトルを目《め》で追《お》う。

ヒジから先《さき》を使《つか》ってスイングする

サイドアームからのドライブはスピードを重視《じゅうし》する。シャトルの軌道《きどう》が床《ゆか》と平行《へいこう》になるようにし、決《けっ》して浮《う》かせない。打点《だてん》が低《ひく》すぎるとネットにかかったり、シャトルのスピードが遅《おそ》くなってしまう。

インパクトの瞬間《しゅんかん》には、**シャトルに合《あ》わせて足《あし》を踏《ふ》み込《こ》んで打《う》つことがポイント。**手首《てくび》はリストスタンドを保《たも》ったまま振《ふ》り抜《ぬ》こう。このとき、腕《うで》はヒジを支点《してん》にするイメージで動《うご》かしてシャトルをとらえる。

コンパクトに振《ふ》り切《き》り、
次《つぎ》の動作《どうさ》に備《そな》える。

ヒジから先《さき》で打《う》つように
リストスタンドしたまま振《ふ》る。

うまくなるポイント!

ヒジを軽《かる》く曲《ま》げて体《からだ》の前《まえ》で打《う》つ

ドライブでは打点《だてん》を高《たか》くとり、シャトルの飛球《ひきゅう》に角度《かくど》がつけられればスマッシュのような攻撃的《こうげきてき》なショットになる。シャトルを待《ま》つ構《かま》えから、ヒジを軽《かる》く曲《ま》げて体《からだ》の前《まえ》で、しっかり打《う》つことを心《こころ》がけよう。

コツ09

レベル ★☆☆

足《あし》を踏《ふ》み込《こ》み体《からだ》の前《まえ》で打《う》つ

サイドアーム　バック（ロングリターン）

ここが伸《の》びる

コートを前後左右《ぜんごさゆう》に走《はし》らされると、バックハンドのサイドアームで打《う》たなければならない状況《じょうきょう》がある。フォアハンドと同《おな》じように強《つよ》く高《たか》いロングを打《う》てるよう練習《れんしゅう》しよう。

！ 足《あし》を踏《ふ》み込《こ》んでシャトルに向《む》かう

シャトルを追《お》い、タイミングを計《はか》ってテイクバック。

肩幅《かたはば》より広《ひろ》めに足《あし》を開《ひら》き、ラケットフットを少《すこ》し前《まえ》に出《だ》して構《かま》える。

体重移動《たいじゅういどう》を使《つか》って強《つよ》いシャトルを返《かえ》す

ラケットを振《ふ》り回《まわ》しただけでは、強《つよ》いシャトルは打《う》てない。上体《じょうたい》だけでは、遠《とお》くに飛《と》ぶロングリターンが打《う》てないのだ。バックハンドの場合《ばあい》、踏《ふ》み込《こ》んだ足《あし》で床《ゆか》を蹴《け》ってラケットに伝《つた》えるイメージで打《う》つ。

基本的《きほんてき》に踏《ふ》み出《だ》すのは、ラケットを持《も》つ方《ほう》の足《あし》。**足《あし》を踏《ふ》み出《だ》しながら、すばやくラケットを引《ひ》いて、腰《こし》をまわしてテイクバック。**捻《ひね》った腰《こし》を戻《もど》しながら、踏《ふ》み出《だ》した足《あし》に体重《たいじゅう》を移動《いどう》させインパクトする。

動画をチェック

打《う》ち終《お》わったらフォロースルーをとり、
次《つぎ》の動《うご》きに備《そな》える。

リストスタンドさせたまま
ヒジを伸《の》ばして前腕《ぜんわん》を外側《そとがわ》に回転《かいてん》させる

うまくなるポイント!

腰《こし》を回転《かいてん》させ 力《ちから》を指先《ゆびさき》に伝《つた》える

踏《ふ》み出《だ》した足《あし》に体重移動《たいじゅういどう》をさせたら、捻《ひね》った腰《こし》を戻《もど》すイメージで、ためた力《ちから》を指先《ゆびさき》まで伝《つた》える。リストスタンドさせたまま、その力《ちから》を利用《りよう》して体《からだ》の前《まえ》でシャトルを打《う》つことも大切《たいせつ》だ。

コツ10

レベル ★★☆

親指《おやゆび》で押《お》し出《だ》すように振《ふ》る

サイドアーム バック（ドライブ）

ここが伸びる 肩《かた》から腰《こし》のあたりの高《たか》さには、速《はや》く強《つよ》いシャトルが飛《と》んでくる。バックハンドでもドライブが打《う》てると、守備《しゅび》から攻撃《こうげき》にラリーを切《き》り替《か》えることができる。

リラックスした構《かま》えからシャトルを目《め》で追《お》う。

足《あし》を踏《ふ》み込《こ》む準備《じゅんび》をして、ラケットを引《ひ》く。

足《あし》を踏《ふ》み出《だ》し リストスタンドして打《う》つ

ドライブのシャトルの軌道《きどう》は、床《ゆか》と平行《へいこう》になり、ある程度《ていど》のスピードも必要《ひつよう》だ。強《つよ》く速《はや》いシャトルを打《う》つためにも、**インパクトの瞬間《しゅんかん》に足《あし》を踏《ふ》み込《こ》んで打《う》つことがポイント。**手首《てくび》はリストスタンドを保《たも》ったまま、親指《おやゆび》で押《お》し出《だ》すように振《ふ》り抜《ぬ》く。

スイング中《ちゅう》はヒジを軽《かる》く曲《ま》げ、ワキをやや締《し》めてコンパクトに。大振《おおぶ》りしてしまうと、ミスショットになったり返球《へんきゅう》のコースが甘《あま》くなってしまう。

動画をチェック

コンパクトに振《ふ》り切《き》り、
次《つぎ》の動作《どうさ》に備《そな》える。

足《あし》を踏《ふ》み込《こ》みながらヒジから先《さき》で
打《う》つようにリストスタンドしたまま振《ふ》る。

うまくなるポイント!

ヒジから先《さき》を柔《やわ》らかく 指先《ゆびさき》でコントロールする

体《からだ》の前《まえ》で打《う》つインパクトの瞬間《しゅんかん》は、親指《おやゆび》でグリップを押《お》し出《だ》す。ラケットを振《ふ》るというよりも、指先《ゆびさき》でコントロールするイメージを持《も》つこと。ヒジから先《さき》をしなやかに使《つか》ってスイングしよう。

コツ11

レベル ★☆☆

体《からだ》の軸《じく》をキープしてコート奥《おく》に飛《と》ばす

アンダーハンド　フォアハンド

ここが伸《の》びる

アンダーハンドストロークは、相手《あいて》からの返球《へんきゅう》がコート前《まえ》に落《お》ちたときなどに使《つか》う。コート奥《おく》にしっかり打《う》ち返《かえ》すことで元《もと》のポジションに戻《もど》る時間《じかん》をつくることができる。

シャトルの方《ほう》へ向《む》かって腕《うで》を伸《の》ばしながら、足《あし》を踏《ふ》み出《だ》す。

フットワークを使《つか》ってネット際《ぎわ》まで動《うご》く。

フットワークを使《つか》って足《あし》を踏《ふ》み込《こ》む

アンダーハンドストロークは、相手《あいて》が打《う》ったドロップやスマッシュ、ヘアピンなどに対応《たいおう》する技術《ぎじゅつ》で、腰《こし》より下《した》の高《たか》さでシャトルを打《う》ち返《かえ》すストロークだ。

フォアハンドの場合《ばあい》、フットワークを使《つか》って足《あし》を動《うご》かし、**頭《あたま》をあげ体《からだ》の軸《じく》をできるだけまっすぐキープすることが大切《たいせつ》だ。**守備的要素《しゅびてきようそ》の強《つよ》いストロークのため、相手《あいて》コート奥《おく》に高《たか》く飛《と》ばし、元《もと》のポジションに戻《もど》る時間《じかん》をつくることが基本《きほん》となる。

動画をチェック

踏《ふ》み込《こ》んだ足《あし》に当《あ》たらないよう、ラケットを振《ふ》り抜《ぬ》く。

ヒザを曲《ま》げ、手首《てくび》を柔《やわ》らかく使《つか》ってシャトルをすくいあげる。

うまくなるポイント!

シャトルの落下点《らっかてん》まで足《あし》を動《うご》かす

足《あし》を動《うご》かし、できるだけ高《たか》い打点《だてん》でシャトルをとらえる。足《あし》が動《うご》いていないと体《からだ》の軸《じく》も崩《くず》れてミスショットの原因《げんいん》に。ヒジから先《さき》を中心《ちゅうしん》に動《うご》かし、手首《てくび》を柔《やわ》らかく使《つか》ってスイングする。

コツ12

レベル ★☆☆

体《からだ》の軸《じく》をキープしてヒジから先《さき》で振《ふ》る

アンダーハンド　バックハンド

ここが伸《の》びる

コート前《まえ》に落《お》とされたシャトルに対《たい》し、ただ拾《ひろ》って返《かえ》すだけでは反撃《はんげき》できない。バック側《がわ》のアンダーハンドでもコート奥《おく》にしっかり返球《へんきゅう》できるよう練習《れんしゅう》しよう。

シャトルの方《ほう》へ向《む》かって腕《うで》を伸《の》ばしながら、足《あし》を踏《ふ》み出《だ》す。

フットワークを使《つか》ってネット際《ぎわ》まで動《うご》く。

ヒジから先《さき》を使《つか》って コンパクトに振《ふ》る

相手《あいて》の攻撃《こうげき》を回避《かいひ》するためにも、高《たか》い軌道《きどう》で遠《とお》くにシャトルを飛《と》ばすことが大事《だいじ》。バックハンドの場合《ばあい》もヒザをしっかり曲《ま》げ、**体《からだ》の軸《じく》をキープしながらヒジから先《さき》でラケットを振《ふ》ることがポイントになる。**

シャトルを打《う》つときはコンパクトに、当《あ》たった後《あと》はゆっくり振《ふ》り抜《ぬ》くようなイメージを持《も》ってスイングする。頭《あたま》が前《まえ》に突《つ》っ込《こ》んでしまったり、上体《じょうたい》が崩《くず》れてしまうとミスショットになってしまうので注意《ちゅうい》しよう。

ゆっくりラケットを
上方向《うえほうこう》に振《ふ》り抜《ぬ》く。

ヒザを曲《ま》げ、手首《てくび》を柔《やわ》らかく使《つか》って
シャトルをすくいあげる。

うまくなるポイント!

高《たか》い打点《だてん》で しなやかに打《う》つ

ラケット面《めん》でシャトルをとらえる際《さい》は、振《ふ》りを小《ちい》さくコンパクトに、しなやかに打《う》つ。できるだけ高《たか》い打点《だてん》を意識《いしき》して、打《う》ち終《お》わったらラケットをすばやく元《もと》に戻《もど》して、次《つぎ》の動作《どうさ》に備《そな》える。

コツ13

レベル ★★☆

ラケット面《めん》に乗《の》せて押《お》し出《だ》す

ヘアピン　フォアハンド

ここが伸びる

ヘアピンは相手《あいて》コートのネット近《ちか》くに落《お》とすテクニック。
ラケットを上手《じょうず》に操作《そうさ》してシャトルをコントロールする。
決《き》まれば相手《あいて》の意表《いひょう》をつき、前《まえ》に走《はし》らせることができる。

ラケット面《めん》に乗《の》せるように
シャトルに当《あ》てる。

ラケット面《めん》に乗《の》せて押《お》し出《だ》すように打《う》つ

シャトルの軌道《きどう》が髪《かみ》をとめる「ヘアピン」に似《に》ていることからその名《な》がつけられている。コート前面《ぜんめん》のシャトルを**相手《あいて》コートのネット近《ちか》くに落《お》とすため、インパクト時《じ》の巧《たく》みなラケット操作《そうさ》がポイントになる。**

シャトルは「打《う》つ」というよりは「ラケット面《めん》に乗《の》せて、押《お》し出《だ》す」ようにネットの向《む》こう側《がわ》に落《お》とすイメージが、ヘアピンの基本的《きほんてき》な打《う》ち方《かた》。乗《の》せる際《さい》は、ラケット面《めん》を若干《じゃっかん》切《き》るようにシャトルに当《あ》て、そのまま押《お》し出《だ》す。

動画をチェック

ネット際《ぎわ》に落《お》ちるシャトルに向《む》かって前進《ぜんしん》する。

ラケットを持《も》つ腕《うで》と同《おな》じ側《がわ》の足《あし》を踏《ふ》み込《こ》む。

うまくなるポイント!

ネットに近《ちか》づき過《す》ぎない

力強《ちからづよ》いショットよりも、微妙《びみょう》なラケット操作《そうさ》が必要《ひつよう》なヘアピンは難易度《なんいど》の高《たか》いテクニック。高《たか》くあがり過《す》ぎると相手《あいて》にプッシュやロブで攻撃《こうげき》されてしまう。白帯《はくたい》を狙《ねら》うようなネット際《ぎわ》に落《お》とす技術《ぎじゅつ》をマスターしよう。

コツ14

レベル ★★☆

高《たか》い打点《だてん》でシャトルをインパクトする

ヘアピン　バックハンド

ここがの伸びる ヘアピンを自由《じゆう》に繰《く》り出《だ》せるようになれば、ラリーの戦術《せんじゅつ》にも選択肢《せんたくし》が増《ふ》える。相手《あいて》との駆《か》け引《ひ》きで優位《ゆうい》に立《た》ち、ポイントを確実《かくじつ》にとるためにもヘアピンの精度《せいど》をあげよう。

ラケットを持《も》つ腕《うで》と同《おな》じ側《がわ》の足《あし》を踏《ふ》み込《こ》む。

ネット際《ぎわ》に落《お》ちるシャトルに向《む》かって前進《ぜんしん》する。

動画をチェック

早《はや》くシャトル下《した》に入《はい》り 高《たか》い打点《だてん》を意識《いしき》する

平面《へいめん》にしたラケット上《じょう》にシャトルを乗《の》せて切《き》るように打《う》つのは、フォアハンドもバックハンドも変《か》わらない。高《たか》い打点《だてん》でとらえれば、相手《あいて》にスキを与《あた》えずミスショットを誘《さそ》うことができる。

そのためには、**いち早《はや》くシャトルの落下点《らっかてん》に入《はい》り、ラケットを操作《そうさ》しやすい高《たか》い打点《だてん》で打《う》つことを意識《いしき》しよう。**

また、ヘアピンを打《う》とうとしていることを相手《あいて》に悟《さと》られないように、ラケットをスムーズに操作《そうさ》することも大切《たいせつ》だ。

4:07
ラケットを胸《むね》の高《たか》さに
打点《だてん》を高《たか》くとる
ネットに
近《ちか》づき過《す》ぎない
ラケット面《めん》に乗《の》せるように
シャトルに当《あ》てる。

うまくなるポイント!

ネットに
近《ちか》づき過《す》ぎない

ヘアピンを打《う》つときは、ネットに近《ちか》づきすぎないよう注意《ちゅうい》。相手《あいて》にヘアピンを拾《ひろ》われれば、自分《じぶん》の背後《はいご》にロブをあげられて劣勢《れっせい》にまわってしまう。ラケット面《めん》の前方《ぜんぽう》にシャトルを当《あ》てて、ネットから一定《いってい》の距離《きょり》をとることがポイント。

コツ15

レベル ★☆☆

ヒジから先《さき》で叩《たた》き込《こ》むように打《う》つ

プッシュ　フォアハンド

ここが伸びる

プッシュは相手《あいて》からの返球《へんきゅう》が、ネット際《ぎわ》に甘《あま》くあがったときに有効《ゆうこう》なショット。特《とく》にダブルスで多用《たよう》され、マスターすればポイントをとるための重要《じゅうよう》なショットとなる。

肩《かた》を引《ひ》かず
手首《てくび》だけ後方《こうほう》に引《ひ》く

足《あし》を前《まえ》に踏《ふ》み出《だ》す準備《じゅんび》をして、ヒジをあげラケットを引《ひ》く。

シャトルから目《め》を離《はな》さずに構《かま》える。

チャンスの機会《きかい》に確実《かくじつ》に決《き》める

プッシュは攻撃的《こうげきてき》なショットで、ポイントを奪《うば》いに行《い》くところで使《つか》う。そのため確実《かくじつ》に決《き》めることが大切《たいせつ》だ。**ヒジをあげ、ヒジから先《さき》を使《つか》って相手《あいて》コートに押《お》し込《こ》むように打《う》つ。**

インパクトの瞬間《しゅんかん》にグリップを強《つよ》く握《にぎ》り、指先《ゆびさき》で弾《はじ》く感覚《かんかく》で打《う》ち込《こ》む。高《たか》い打点《だてん》でラケット面《めん》を下《した》に向《む》け、角度《かくど》をつけて打《う》つことでより効果的《こうかてき》なショットになる。飛《と》び込《こ》んで打《う》つ場合《ばあい》は、体《からだ》やラケットがネットに触《ふ》れないように注意《ちゅうい》。

動画をチェック

手首《てくび》をきかせシャトルを押《お》し込《こ》むようにして振《ふ》り切《き》る。

ヒジから先をすばやく動かしてインパクトする。

うまくなるポイント!

ラケット面《めん》を立《た》ててコンパクトに振《ふ》る

ヒジをあげ、ラケット面《めん》を立《た》てた状《じょう》態《たい》から下《した》へ向《む》かってコンパクトにスイングする。シャトルを真下《ました》に落《お》とすようなイメージで叩《たた》くことができれば、角度《かくど》のある強《つよ》いショットを打《う》つことができる。

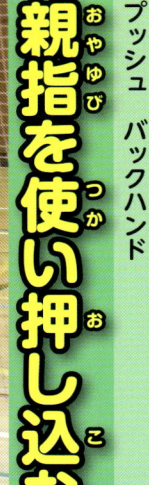

コツ16

レベル ★☆☆

プッシュ　バックハンド

親指《おやゆび》を使《つか》い押《お》し込《こ》むように打《う》つ

ここが伸びる

バックハンドでもコンパクトに振《ふ》れば、鋭《するど》く角度《かくど》のあるショットが打《う》てる。体《からだ》のどちら側《がわ》にきても対応《たいおう》できるようバックハンドでの決定打《けっていだ》をマスターしておく。

リストスタンドし
ヒジから先《さき》でスイング

フットワークを使《つか》い、シャトルの飛《と》んでくる位置《いち》に入《はい》る。

シャトルがあがったら、体《からだ》を向《む》けて、足《あし》を踏《ふ》み出《だ》す準備《じゅんび》をする。

体《からだ》ごと向《む》かい シャトル位置《いち》に入《はい》る

バックサイドにきたシャトルに対《たい》し、体勢《たいせい》を崩《くず》さずすばやく次《つぎ》の準備《じゅんび》に移《うつ》るためには、フォアハンドよりもバックハンドで対処《たいしょ》する方《ほう》がスムーズだ。**ポイントは、シャトルを待《ま》つのではなく、体《からだ》ごと向《む》かい、シャトルが飛《と》んでくる地点《ちてん》にすばやく入《はい》り込《こ》むこと。**打点《だてん》は高《たか》く、体《からだ》の前《まえ》で打《う》つことを意識《いしき》する。グリップは短《みじか》めに持《も》ち、サムアップ（親指《おやゆび》を立《た》てる）させて握《にぎ》る。インパクト時《じ》に親指《おやゆび》で押《お》し込《こ》むようなイメージで打《う》ち込《こ》む。

動画をチェック

打《う》ち終《お》わったら、
すばやく元《もと》の体勢《たいせい》に戻《もど》る。

高《たか》い打点《だてん》からコンパクトなスイング でシャトルをとらえる。

うまくなるポイント!

グリップはやや短《みじか》めに持《も》つ

バックハンドの状態《じょうたい》では、よりコンパクトに振《ふ》るためにグリップを短《みじか》めにするのがポイント。親指《おやゆび》をサムアップさせて握《にぎ》り、高《たか》い位置《いち》でシャトルをとらえる。また打《う》ち終《お》わりは、すばやく元《もと》の位置《いち》に戻《もど》って構《かま》える。

コツ+α

レベル ★☆☆

グリップ

親指《おやゆび》と人差《ひとさ》し指《ゆび》で握《にぎ》り、手首《てくび》を起《お》こす

ここが伸《の》びる

バドミントンのグリップの主流《しゅりゅう》はイースタングリップ。その握《にぎ》り方《かた》を確認《かくにん》し、ラケットをスイングする前《まえ》の理想形《りそうけい》である「リストスタンド」をおさらいする。

フォアハンドとバックハンドでグリップを切《き》り替《か》える

グリップは親指《おやゆび》と人差《ひとさ》し指《ゆび》の間《あいだ》でくの字をつくり、親指《おやゆび》と人差《ひとさ》し指《ゆび》の間《あいだ》に指《ゆび》一本分《いっぽんぶん》の余裕《よゆう》を持《も》つ。

ラリーの途中《とちゅう》でバックハンドを使《つか》う場合《ばあい》は、親指《おやゆび》でラケットを支《ささ》えるように握《にぎ》るグリップに切《き》り替《か》える。

ラケット操作《そうさ》を巧《たく》みにし、スイングスピードをあげるためにも**リストスタンドという手首《てくび》を起《お》こした状態《じょうたい》**でスイングすることが大切《たいせつ》。ラケットと腕《うで》の角度《かくど》がほぼ直角《ちょっかく》となる、理想《りそう》の形《かたち》をマスターしておこう。

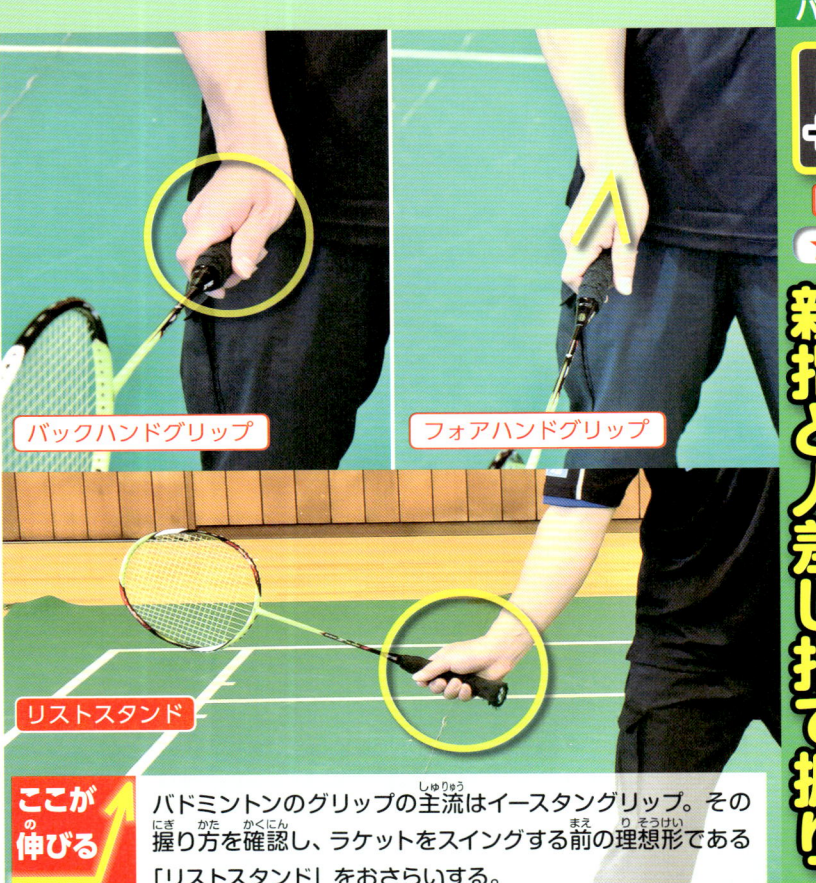

勝《か》つための
実戦《じっせん》テクニック

PART 3

パート3

コツ17

レベル ★★☆

ストロークの種類《しゅるい》

攻守《こうしゅ》によってショットを使《つか》い分《わ》ける

ここが伸《の》びる

試合《しあい》では「攻撃《こうげき》しているか、守備《しゅび》にまわっているか」によって、使《つか》うショットが変《か》わってくる。ポイントを奪《うば》う、守《まも》るための最善《さいぜん》のショットを理解《りかい》していこう。

どんな状況《じょうきょう》でもベストのショットが打《う》てるよう練習《れんしゅう》する

サービスが出《だ》されると、それ以降《いこう》はポイントが決《き》まるまではラリーとなる。お互《たが》いが**スマッシュやクリアーで打《う》ち合《あ》うラリーはもちろん、ネット際《ぎわ》でのヘアピン、態勢《たいせい》を整《ととの》えるためのロブなど、展開《てんかい》やショットによって攻守《こうしゅ》は目《め》まぐるしく入《い》れ変《か》わる。**

PART2でマスターした基本技《きほんぎ》術《じゅつ》に加《くわ》え、実戦《じっせん》では難易度《なんいど》の高《たか》い応用《おうよう》技術《ぎじゅつ》も必要《ひつよう》。ここからは実戦《じっせん》テクニックを解説《かいせつ》していく。

精度《せいど》の高《たか》いサービスでゲームの主導権《しゅどうけん》を握《にぎ》る

サービスはゲームをはじめる第一打《だいいちだ》で、ポイントを左右《さゆう》しかねない大事《だいじ》なテクニック。相手《あいて》にコースを絞《しぼ》らせず、思《おも》い通《どお》りの位置《いち》に繰《く》り出《だ》せる、精度《せいど》の高《たか》いサービスでゲームの主導権《しゅどうけん》を握《にぎ》る。ロングハイサービスやショートローサービス、フリックサービスを自在《じざい》に使《つか》い分《わ》けられるようにしたい

応用《おうよう》テクニックをマスターして技《わざ》を磨《みが》く

攻撃的《こうげきてき》なショットをさらに磨《みが》きあげていくには、ジャンプを入《い》れたスマッシュで攻撃《こうげき》エリアを広《ひろ》くしたり、ヘアピンにもスピンをかけてより相手《あいて》がとりにくい工夫《くふう》をする必要《ひつよう》がある。応用《おうよう》の技術《ぎじゅつ》を高《たか》めて攻撃力《こうげきりょく》をアップする。同《おな》じショットでも打点《だてん》をコントロールすれば相手《あいて》に球種《きゅうしゅ》をしぼられにくくなる。

相手《あいて》の攻撃《こうげき》をかわして反撃《はんげき》に転《てん》じる

ラリーによっては相手《あいて》の攻撃《こうげき》をしのいで、自分《じぶん》が有利《ゆうり》な展開《てんかい》に持《も》ち込《こ》む守備力《しゅびりょく》もポイントになる。そのためには強打《きょうだ》に対《たい》するレシーブやカウンター、攻撃《こうげき》をかわすロブなどあらゆるショットのバリエーションを持《も》っておくことが大事《だいじ》。

うまくなるポイント!

攻守《こうしゅ》において弱点《じゃくてん》の少《すく》ない選手《せんしゅ》を目指《めざ》す

試合《しあい》で有効《ゆうこう》な攻撃的《こうげきてき》ショットは、自分《じぶん》に返《かえ》ってくれば弱点《じゃくてん》ともなりかねない。攻撃《こうげき》の強化《きょうか》はもちろん、実戦《じっせん》を想定《そうてい》した守備《しゅび》の強化《きょうか》も積極的《せっきょくてき》に行《おこな》う。その土台《どだい》となるのが基本的《きほんてき》なラケット技術《ぎじゅつ》とそれを支《ささ》え続《つづ》けることのできるフィジカルだ。

コツ18

レベル ★☆☆

リストスタンドしてヒジを伸《の》ばし打《う》つ

ロングサービス(フォアハンド)

ここが伸《の》びる

主《おも》にシングルスで使《つか》われるロングハイサービスは、レシーブから攻撃《こうげき》されないよう相手《あいて》をコートの深《ふか》い位置《いち》に押《お》し込《こ》むことができる。バックバウンダリーラインまで飛《と》ばす力強《ちからづよ》さと精度《せいど》が必要《ひつよう》だ。

大《おお》きく振《ふ》りかぶってシャトルを離《はな》す。

左手《ひだりて》でシャトルを持《も》ち、足《あし》を前後《ぜんご》に軽《かる》く開《ひら》いて構《かま》える。

スイングアークを大《おお》きくして高《たか》い軌道《きどう》から落《お》とす

シングルにおけるロングサービスは相手《あいて》コートのバックバウンダリーライン付近《ふきん》を狙《ねら》う。ロングハイサービスとも呼《よ》ばれるように「高《たか》く、遠《とお》くに」飛《と》ばすことが大切《たいせつ》だ。

シャトルを遠《とお》くに飛《と》ばすためにはヘッドスピードが必要《ひつよう》で、**手首《てくび》はシャトルを打《う》つ瞬間《しゅんかん》までリストスタンドを保《たも》つことがポイントだ。**また、シャトルを落《お》とすときも、できるだけ高《たか》い軌道《きどう》から真《ま》下《した》に落《お》とすため、スイングアークを大《おお》きくしてラケットを振《ふ》りぬくこと。

動画をチェック

すくいあげるように振《ふ》り抜《ぬ》き、
打《う》ち終《お》わったら次《つぎ》のショットに備《そな》える。

リストスタンドを保《たも》った状態《じょうたい》で
スイングに入《はい》る。

うまくなるポイント！

ラケットの長《なが》さ分《ぶん》の位置《いち》にシャトルを落《お》とす

サービスでシャトルを落《お》とす位置《いち》は、足下《あしもと》からラケット一《ひと》つ分先《ぶんさき》が目安《めやす》。左手《ひだりて》をできるだけ動《うご》かさず、シャトルを離《はな》すだけでよい。シャトルをとらえたら、腕《うで》を振《ふ》り抜《ぬ》く。このとき体重《たいじゅう》は左足《ひだりあし》に乗《の》せる。

コツ19

レベル ★☆☆

ショートサービスで相手《あいて》のウラをつく

ショートサービス(フォアハンド)

ここが伸《の》びる

ロングサービスを意識《いしき》させれば、ショートサービスで相手《あいて》の意表《ひょう》をつくことができる。レシーブがチャンスボールとなれば、サービスからの三球目《さんきゅうめ》で攻撃的《こうげきてき》なショットが打《う》てる。

左手《ひだりて》でシャトルを持《も》ち、足《あし》を前後《ぜんご》に軽《かる》く開《ひら》いて構《かま》える。

シャトルを離《はな》したらコンパクトに振《ふ》りかぶる。

ショートとロングを同《おな》じフォームで打《う》つ

フォアハンドでショートサービスを打《う》つ場合《ばあい》は、ラケットは短《みじか》く持《も》ち、シャトルをコンパクトに打《う》てる場所《ばしょ》に落《お》とす。このとき大《おお》きく振《ふ》る必要《ひつよう》はない。自然《しぜん》と腕《うで》が動《うご》く位置《いち》まで振《ふ》り切《き》ることがポイント。

特《とく》にダブルスで大事《だいじ》なのは、ロングサービスとショートサービスをできるだけ同《おな》じフォームで打《う》つことだ。そうすることで、ロングサービスを意識《いしき》しているレシーバーの意表《いひょう》をつき、ミスを誘《さそ》うことができる。

動画をチェック

カットするように振《ふ》り抜《ぬ》き、
打《う》ち終《お》わったら次《つぎ》のショットに備《そな》える。

リストスタンドを保《たも》った状態《じょうたい》で
スイングに入《はい》る。

うまくなるポイント!

ロングサービスとショートサービスで相手《あいて》にコースを絞《しぼ》らせない

いかに相手《あいて》レシーバーのウラをかくかがカギ。読《よ》まれてしまうとプッシュなどで押《お》し込《こ》まれてしまう。ショートサービスだけでなく、ロングサービスを織《お》り交《ま》ぜて相手《あいて》にレシーブのコースを絞《しぼ》らせないことが大切《たいせつ》だ。

コツ20

レベル ★☆☆

親指《おやゆび》と人差《ひとさ》し指《ゆび》で弾《はじ》くように打《う》つ

ショートサービス（バックハンド）

ここが伸びる
ショートサービスはバックハンドから打《う》つのが主流《しゅりゅう》。ネット際《ぎわ》にシャトルを落《お》として相手《あいて》を前《まえ》に誘《さそ》い出《だ》し、攻撃型《こうげきがた》の相《あい》手《て》に強《つよ》いスマッシュを打《う》たせたくないときも有効《ゆうこう》だ。

グリップの広《ひろ》い面《めん》に親指《おやゆび》の腹《はら》をあて、人差《ひとさ》し指《ゆび》で支《ささ》えるように軽《かる》く握《にぎ》る。

ラケットを持《も》つ腕《うで》と同《おな》じ側《がわ》の足《あし》を前《まえ》に出《だ》す。

ラケットを短《みじか》めに持《も》ちシャトルを落《お》とす位置《いち》をはかる

ショートサービスには、フォアハンドとバックハンドがあるが、近代《きんだい》バドミントンではほとんどのプレイヤーがバックハンドを使《つか》う。**バックハンドのときはラケットを短《みじか》く持《も》ち、人差《ひとさ》し指《ゆび》をそえ、親指《おやゆび》で弾《はじ》くように打《う》つのがポイント。**

ラケットをやや短《みじか》めに持《も》ちシャトルを落《お》とす位置《いち》をはかりながら、ヒジを曲《ま》げたまま、タイミングをみてシャトルを落《お》とす。腕《うで》を大《おお》きく振《ふ》っては相手《あいて》に打《う》つタイミングを悟《さと》られるので、できるだけスイングをコンパクトにする。

動画をチェック

サービス打《う》った後《あと》はすぐに構《かま》えて、次《つぎ》の動作《どうさ》に備《そな》える。

シャトルを落《お》としたら、指先《ゆびさき》を使《つか》って、前方《ぜんぽう》に弾《はじ》くように打《う》つ。

うまくなるポイント!

レシーバーのタイミングを外《はず》してサービスを出《だ》す

ショートサービスはシャトルを落《お》としてから、インパクトするまでの時《じ》間《かん》が速《はや》いため。レシーバーは、いつサービスが出《で》てくるかわかりにくい。相手《あいて》との間合《まあ》いを意識《いしき》してすばやくサービスを繰《く》り出《だ》そう。

コツ21

レベル ★☆☆

親指《おやゆび》で押《お》し出《だ》して距離《きょり》を出《だ》す

ロングサービス（バックハンド）

ここが伸《の》びる

バックハンドからはショートサービスが主流《しゅりゅう》だが、続《つづ》けていては相手《あいて》にプッシュなどで打《う》ち込《こ》まれてしまう。ときにはロングサービスで相手《あいて》のウラをかこう。

ショートサービスと同《おな》じフォームで打《う》つ

グリップの広《ひろ》い面《めん》に親指《おやゆび》の腹《はら》をあて、人差《ひとさ》し指《ゆび》で支《ささ》えるように軽《かる》く握《にぎ》る。

ラケットを持《も》つ腕《うで》と同《おな》じ側《がわ》の足《あし》を前《まえ》に出《だ》す。

短《みじか》いサービスを意識《いしき》させて相手《あいて》のウラをつく

バックハンドからのロングサービスはダブルスで多《おお》く使《つか》われ、相手《あいて》を後《うし》ろにさげレシーブさせ、そのリターンに対《たい》する攻撃《こうげき》で主導権《しゅどうけん》を握《にぎ》る。

打《う》ち方《かた》のポイントは、ショートサービスと変《か》わらない。**ラケットを短《みじか》く持《も》ち、バックハンドのときは人差《ひとさ》し指《ゆび》をそえ、親指《おやゆび》で弾《はじ》くように打《う》つ。**親指《おやゆび》の押《お》し出《だ》す感覚《かんかく》を強《つよ》く持《も》ち、距離感《きょりかん》を出《だ》していく。短《みじか》いサービスを意識《いしき》している相手《あいて》に出《だ》すため、ショートサービスと同《おな》じフォームで打《う》てることが理想《りそう》だ。

動画をチェック

サービス打《う》った後《あと》はすぐに構《かま》えて、
次《つぎ》の動作《どうさ》に備《そな》える。

シャトルを落《お》としたら、
指先《ゆびさき》を使《つか》って、前方《ぜんぽう》に弾《はじ》くように打《う》つ。

うまくなるポイント!

ロングサービスで相手《あいて》の背後《はいご》をつく

ロングサービスと悟《さと》られないようショーサービスと同《おな》じフォームで打《う》つことが成功《せいこう》のカギ。ダブルスの場合《ばあい》は、ペアが出《だ》すサービスをサインなどで事前《じぜん》に知《し》っておくと、次《つぎ》のショットからの攻撃《こうげき》が有利《ゆうり》になる。

コツ22

レベル ★☆☆

レシーブ（シングルス）

軸《じく》を意識《いしき》して前後左右《ぜんごさゆう》に動《うご》ける構《かま》えをつくる

ここが伸びる

先《さき》に仕掛《しか》けることができるサーバーが有利《ゆうり》な一面《いちめん》もあるが、相手《あいて》の体勢《たいせい》が整《ととの》っていないところに、しっかりレシーブを返《かえ》すことができればラリーで主導権《しゅどうけん》を握《にぎ》ることができる。

サーバーの動《うご》きを見《み》て、前後左右《ぜんごさゆう》に動《うご》けるよう構《かま》える。

棒立《ぼうだ》ちになっていてはサービスに反応《はんのう》できない。

どちらでも対応《たいおう》できる位置《いち》で構《かま》える

現在《げんざい》のバドミントンはショートサービスが多用《たよう》されるため、**レシーバーは、相手《あいて》のサービスが長短《ちょうたん》どちらでも対応《たいおう》できる位置《いち》で構《かま》えることがポイントだ。**

相手《あいて》は自分《じぶん》を観察《かんさつ》し、打《う》ちにくいところを狙《ねら》ってサービスを出《だ》してくるので、「ショートサービスを打《う》ってくるだろう」といった思《おも》い込《こ》みも禁物《きんもつ》だ。逆《ぎゃく》に、後《うし》ろに構《かま》えすぎるとショートサービスを前《まえ》に落《お》とされてしまう。レシーブが浮《う》いてしまえば相手《あいて》の攻撃《こうげき》のチャンスとなってしまう。

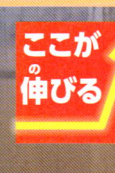

シャトルが落《お》ちてきたらラケットを振《ふ》り抜《ぬ》き、相手《あいて》コートにレシーブを返《かえ》す。

フットワークを使《つか》って
すばやく下《さ》がる

ロングハイサービスになれば落下点《らっかてん》を予測《よそく》して後《うし》ろに下《さ》がる。

フォア

バック

うまくなるポイント!

相手《あいて》の位置《いち》を見《み》ながらレシーブする

ショートサービスでは相手《あいて》の位置《いち》を見《み》ながら、レシーブが浮《う》かないように返球《へんきゅう》する。相手《あいて》は左右《さゆう》のショートサービスラインのギリギリを狙《ねら》ってくる。どちらにきてもフォアハンドかバックハンドですばやくレシーブする。

コツ23

レベル ★★☆

レシーブ（ダブルス）

攻撃的《こうげきてき》なレシーブで相手《あいて》を追《お》い込《こ》む

ここが伸びる ダブルスではレシーブでも攻撃《こうげき》のチャンスがある。そのためにはスムーズなペアの連携《れんけい》が必要《ひつよう》。巧《たく》みなレシーブで相手《あいて》を追《お》い込《こ》み、その返球《へんきゅう》をペアが決《き》めるような得点《とくてん》パターンを考《かんが》えてみよう。

攻撃的《こうげきてき》なレシーブで主導権《しゅどうけん》を握《にぎ》る

ダブルスの試合《しあい》はサービスを入《い》れるエリアがシングルスよりも小《ちい》さいため、コースを限定《げんてい》しやすい。**そのためレシーブから積極的《せっきょくてき》に攻撃《こうげき》に転《てん》じることが大切《たいせつ》だ。**

レシーバー後方《こうほう》へのサービスにはスマッシュ、前方《ぜんぽう》へのサービスにはハーフやネットなどの緩《ゆる》い球《たま》だけではなくプッシュも効果的《こうかてき》。相手《あいて》が嫌《いや》がるコースを積極的《せっきょくてき》に狙《ねら》えば得点《とくてん》チャンスは広《ひろ》がる。ペアとの立《た》ち位置《いち》を予測《よそく》しながら、動《うご》くことも大事《だいじ》だ。

動画をチェック

強打《きょうだ》のスマッシュとドロップでタイミングを外す

ロングサービスの場合《ばあい》、すばやく落下点《らっかてん》に入《はい》りスマッシュの態勢《たいせい》になる。強《つよ》いスマッシュが打《う》てればトライし、ポジションによってはドロップで相手《あいて》のタイミングを狂《くる》わせることも有効《ゆうこう》になる。

ペアと連携《れんけい》してポイントを奪《うば》う

ショートサービスの場合《ばあい》、思《おも》い切《き》り飛《と》び込《こ》んでプッシュを打《う》ち込《こ》むばかりではなく、ハーフもネットもうまく織《お》り交《ま》ぜる。このとき相手《あいて》コートのどこに打《う》ち込《こ》めば有効《ゆうこう》か、コースや相手《あいて》のポジションをしっかり把握《はあく》しておくこと。ペアと連携《れんけい》して次《つぎ》のショットもイメージしておく。

コツ24

レベル ★★☆

高《たか》い打点《だてん》から大《おお》きく振《ふ》り抜《ぬ》く

ハイクリアー

ここが伸《の》びる

ハイクリアーは、エンドラインに向《む》かって高《たか》く遠《とお》くに飛《と》ばすショット。シャトルの滞空時間《たいくうじかん》が長《なが》いため、相手《あいて》を奥《おく》へ追《お》い込《こ》みたいときや、自分《じぶん》の体勢《たいせい》を立《た》て直《なお》したいときに使《つか》うと効果的《こうかてき》だ。

ハイクリアーの軌道《きどう》は、緩《ゆる》やかな曲線《きょくせん》を描《えが》いて相手《あいて》コートの奥《おく》に落《お》ちる。

エンドライン近《ちか》くまで高《たか》く遠《とお》くに飛《と》ばす

クリアーの中《なか》でも、相手《あいて》をコート奥《おく》に追《お》い込《こ》むために高《たか》く遠《とお》くに飛《と》ばすハイクリアー。体勢《たいせい》を立《た》て直《なお》すための時間《じかん》を作《つく》り出《だ》すために、シャトルは緩《ゆる》やかな曲線《きょくせん》を描《えが》いて相手《あいて》コートの奥《おく》に落《お》ちる軌道《きどう》が理想《りそう》だ。

遠《とお》くまでシャトルを飛《と》ばすには、ラケットショルダーの上《うえ》のより高《たか》い打点《だてん》でヒットすること。また、バック奥《おく》に打《う》たれた場合《ばあい》もフォアハンドで処理《しょり》する方《ほう》が飛距離《ひきょり》は出《で》やすい。より遠《とお》くに飛《と》ばすために、インパクトで腕《うで》に力《ちから》が伝《つた》わるように、しっかりと前足《まえあし》に重心《じゅうしん》を移動《いどう》させながら振《ふ》り抜《ぬ》く。

動画をチェック

より高《たか》い位置《いち》で大《おお》きく振《ふ》り抜《ぬ》く

軸足《じくあし》で体《からだ》を支《ささ》え、しっかりバランスを保《たも》ちながら下《さ》がる。

シャトルの下《した》に入《はい》ったら上体《じょうたい》をそらして、頭《あたま》の上《うえ》で円《えん》を描《えが》くつもりでスイング。

インパクト時《じ》に手首《てくび》をきかせてヘッドスピードをあげる。

大《おお》きく振《ふ》り抜《ぬ》き、打《う》ち終《お》わったら蹴《け》った足《あし》を前《まえ》に出《だ》して次《つぎ》のショットに備《そな》える。

うまくなるポイント!

頭《あたま》の上《うえ》でシャトルをとらえる

高《たか》く遠《とお》く飛《と》ばすためには、より高《たか》い位置《いち》でラケットの面《めん》がシャトルのコルクに当《あ》たるタイミングをしっかり見極《みきわ》める。ヒジから先《さき》が先行《せんこう》するようにしなやかにスイング。頭《あたま》の上《うえ》で打《う》ち、大《おお》きく振《ふ》り抜《ぬ》く。

コツ 25

レベル ★★☆

ドリブンクリアー

インパクトした瞬間《しゅんかん》に手首《てくび》を返《かえ》す

ここが伸びる

ドリブンクリアーはハイクリアーよりも軌道《きどう》が低《ひく》く、スピードが速《はや》いのが特徴《とくちょう》。ラリーで前《まえ》にいる相手《あいて》の頭上《ずじょう》を越《こ》すなど、攻撃的《こうげきてき》なショットとして活用《かつよう》できる。

ドリブンクリアーの軌道《きどう》は、
ハイクリアーよりも低《ひく》い曲線《きょくせん》を描《えが》いて相手《あいて》コートの奥《おく》に落《お》ちる。

力《ちから》をコントロールして しっかり振《ふ》り切《き》る

ハイクリアーよりも攻撃的《こうげきてき》なドリブンクリアーは、軌道《きどう》が低《ひく》く速《はや》いショットで、前《まえ》に出《で》ている相手《あいて》の頭上《ずじょう》を越《こ》すことができる。

打点《だてん》やスイングのタイミングは、ハイクリアーとほぼ同《おな》じだが、**当《あ》たった瞬間《しゅんかん》に前腕《ぜんわん》を回内《かいない》させ、手首《てくび》を返《かえ》すようなイメージで打《う》つことがポイント。**このときラケットでシャトルをはじき出《だ》す感《かん》じが大切《たいせつ》だ。しかし力《ちから》を調整《ちょうせい》しないとバックアウトになりやすいので注意《ちゅうい》。インパクト後《ご》はしっかり振《ふ》り切《き》ること。

動画をチェック

ヒジを高《たか》くあげ、
インパクト後《ご》に手首《てくび》を返《かえ》す

軸足《じくあし》で体《からだ》を支《ささ》え、しっかりバランスを保《たも》ちながら下《さ》がる。

シャトルの下《した》に入《はい》ったら、半身《はんみ》の姿勢《しせい》からラケットを振《ふ》りかぶる。

打点《だてん》はハイクリアーよりも少《すこ》し前《まえ》、自分《じぶん》の体《からだ》の前方《ぜんぽう》の高《たか》い位置《いち》で当《あ》てる。

腕《うで》をしなやかに使《つか》い大《おお》きく振《ふ》り抜《ぬ》き、打《う》ち終《お》わったら次《つぎ》のショットに備《そな》える。

うまくなるポイント!

インパクト後《ご》は大《おお》きく振《ふ》り切《き》る

ハイクリアーは大《おお》きく振《ふ》り抜《ぬ》くことで高《たか》く遠《とお》くへ飛《と》ばすが、ドリブンクリアーは低《ひく》く速《はや》く打《う》ち出《だ》すようなショット。そのため前腕《ぜんわん》と手首《てくび》を使《つか》ってシャトルをはじき出《だ》し、そのあと大《おお》きく振《ふ》り切《き》ることが原則《げんそく》だ。

コツ 26

レベル ★★☆

斜《なな》めにコルクのサイドを切《き》る

カット（スライスショット）

ここが伸びる カットは、相手《あいて》コートのショートサービスライン付近《ふきん》に入《い》れるショット。ドロップよりも球速《きゅうそく》があるため、攻撃《こうげき》の場面《ばめん》で使《つか》うと効果的《こうかてき》なショットとなる。

引《ひ》いた足《あし》を思《おも》いっきり蹴《け》って、ヒジを先行《せんこう》させてラケットを振《ふ》る。

落下地点《らっかちてん》に入《はい》ったら、足《あし》を引《ひ》くと同時《どうじ》に肩《かた》を後《うし》ろに引《ひ》いて半身《はんみ》の姿勢《しせい》になる。

ラケット面《めん》を斜《なな》めに切《き》り シャトルに回転《かいてん》をかける

カットにはスライスとその逆側《ぎゃくがわ》に切《き》るリバースの二種類《にしゅるい》がある。スライスショットのフォームは、インパクトまでは通常《つうじょう》のオーバーヘッドストロークと変《か》わらない。ドロップがインパクトの直前《ちょくぜん》に力《ちから》をコントロールして打《う》つのに対《たい》し、**カットはスイングの勢《いきお》いは弱《よわ》めずに、ラケット面《めん》を斜《なな》めにしてシャトルを切《き》るようにインパクトする。**

そうすることでシャトルに強《つよ》い回転《かいてん》がつき、初速《しょそく》が速《はや》く、進《すす》むほどに落《お》ちていく軌道《きどう》のショットとなる。

動画をチェック

手《て》の甲《こう》が見《み》えるように
ラケットを斜《なな》めに切《き》る

打《う》ち終《お》わったら蹴《け》った足《あし》を前《まえ》に出《だ》して
次《つぎ》のショットに備《そな》える。

インパクトは上《うえ》から回《まわ》り込《こ》むようにし、
高《たか》い位《い》置《ち》から被《かぶ》せるようにして切る。

うまくなるポイント!

サイドに当《あ》てるような イメージで打《う》つ

通常《つうじょう》はコルクに対《たい》して、ラケット面《めん》をフラットに当《あ》てる。しかしスライスはラケット面《めん》を斜《なな》めに切《き》って、コルクのサイドに当《あ》てるイメージで打《う》つ。そうすることでラケットを持《も》つ腕《うで》の逆方向《ぎゃくほうこう》にシャトルが切《き》れていく軌道《きどう》となる。

コツ27

レベル ★★☆

ラケット面《めん》を外《そと》に向《む》けて打《う》つ

カット（リバースショット）

ここが伸びる

カットにはスライスとは逆側《ぎゃくがわ》に切《き》るリバースショットがある。ラケット面《めん》を外側《そとがわ》に開《ひら》いて打《う》つため、利《き》き腕側《うでがわ》に切《き》れながら落《お》ちる軌道《きどう》となり、相手《あいて》はとりにくい。

グリップを操作《そうさ》し、ラケット面《めん》を外《そと》に向《む》ける

引《ひ》いた足《あし》を思《おも》いっきり蹴《け》って、ヒジを先行《せんこう》させてラケットを振《ふ》る。

落下地点《らっかちてん》に入《はい》ながら、足《あし》を引《ひ》くと同時《どうじ》に肩《かた》を後《うし》ろに引《ひ》いて半身《はんみ》の姿勢《じせい》になる。

カットを使《つか》って ラリーに変化《へんか》をつける

リバースショットは、右利《みぎき》きの場合《ばあい》、頭上《ずじょう》の左《ひだり》よりにきたシャトルに有効《ゆうこう》なカット。シャトルの左側《ひだりがわ》を切《き》っていくように打《う》つため、通常《つうじょう》のカットが下《した》に切《き》るように打《う》つのに対《たい》し、右下《みぎした》に向《む》けて切《き》る。

ラケット面《めん》を外側《そとがわ》に返《かえ》すようにし、前腕《ぜんわん》と手首《てくび》を使《つか》って打《う》つのがポイント。

通常《つうじょう》のクリアーなどと使《つか》い分《わ》けることによって、ラリーに変化《へんか》をつけることができる。相手《あいて》にカットを打《う》つことを気《き》づかれないように、クリアー等《とう》と同《おな》じフォームで打《う》つ。

動画をチェック

打《う》ち終《お》わったら蹴《け》った足《あし》を前《まえ》に出《だ》して
次《つぎ》のショットに備《そな》える。

インパクトは頭上《ずじょう》から回《まわ》り込《こ》むようにし、
高《たか》い位置《いち》から被《かぶ》せるようにして切る。

うまくなるポイント!

左《ひだり》サイドに当《あ》てるようなイメージで打《う》つ

右《みぎ》利《き》きの場合《ばあい》、スライスはコルクの右《みぎ》サイドに当《あ》てるのに対《たい》し、リバースはコルクの左《ひだり》サイドを打《う》つイメージ。インパクト後《ご》の軌道《きどう》は、ラケットを持《も》つ腕《うで》の方向《ほうこう》にシャトルが切《き》れていくカットとなる。

コツ28

レベル ★★☆

斜《なな》めに切《き》るように打《う》ち込《こ》む

カットスマッシュ（スライス）

ここが伸《の》びる カットスマッシュには、スライスとリバースの二種類《にしゅるい》がある。相手《あいて》のポジションを見極《みきわ》めたうえで、左右《さゆう》にカットスマッシュを打《う》ち分《わ》けることで得点《とくてん》につながるショットとなる。

シャトルにタイミングを合《あ》わせて足《あし》を踏《ふ》み切《き》る。

落下点《らっかてん》に入《はい》りながら、足《あし》を引《ひ》いて半身《はんみ》の姿勢《しせい》で構《かま》える。

スピードあるスマッシュの軌道《きどう》を変化《へんか》させる

カットよりも速《はや》いスピードで、ラケット面《めん》を斜《なな》めに当《あ》てて打《う》つスマッシュがカットスマッシュ。スライスのカットスマッシュは、ラケットを持《も》つ腕《うで》と逆方向《ぎゃくほうこう》に切《き》れていく軌道《きどう》となり、ショートサービスラインの向《む》こう側《がわ》に落《お》ちる。

最大《さいだい》のポイントは、ラケットの面《めん》をフラットに当《あ》てないこと。シャトルをインパクトする瞬間《しゅんかん》にグリップをまわして、ラケット面《めん》を斜《なな》めにすることで、コルクを面《めん》で切《き》るように当《あ》てることができる。

動画をチェック

コルクのサイドを
ラケット面《めん》でとらえる

打《う》った勢《いきお》いで足《あし》を前《まえ》に出《だ》し、重心《じゅうしん》を前《まえ》に移動《いどう》させる。

打点《だてん》がもっとも高《たか》い位置《いち》でシャトルをとらえる。

うまくなるポイント!

グリップをまわしてラケットを斜《なな》めにする

カットスマッシュは、ラケットに対《たい》しフラットに当《あ》てないこと。そのためにはコルクに当《あ》てる瞬間《しゅんかん》、グリップをまわしてラケット面《めん》をやや斜《なな》めにする。事前《じぜん》にラケットを軽《かる》く握《にぎ》っておくことが大切《たいせつ》だ。

コツ29

レベル ★★☆

手《て》の甲《こう》を内側《うちがわ》に向《む》けて手首《てくび》を返《かえ》す

カットスマッシュ（リバース）

ここが伸《の》びる

カットスマッシュは相手《あいて》が強《つよ》いスマッシュがくると思《おも》い、後《こう》方《ほう》で構《かま》えたときに使《つか》う。スマッシュよりも横《よこ》に切《き》れながら、角度《かくど》がついて手前《てまえ》に落《お》ちるため、決定的《けっていてき》なショットとなる。

シャトルにタイミングを合《あ》わせて足《あし》を踏《ふ》み切《き》る。

落下点《らっかてん》に入《はい》りながら、足《あし》を引《ひ》いて半身《はんみ》の姿勢《しせい》で構《かま》える。

角度《かくど》をつけて距離《きょり》を短《みじか》く落《お》とす

カットよりも速《はや》く鋭《するど》いのがカットスマッシュの特徴《とくちょう》。通常《つうじょう》のスマッシュと同様《どうよう》、より高《たか》い位置《いち》から角度《かくど》をつけて打《う》つことが成功《せいこう》のコツ。

シャトルのスピードをある程度《ていど》維持《いじ》しつつ、**飛距離《ひきょり》を短《みじか》くするために、シャトルがラケットに当《あ》たったら手首《てくび》を返《かえ》し、叩《たた》きつけるように打《う》つ。**

そうすることで通常《つうじょう》のスマッシュよりも横《よこ》へ切《き》れながら、コート前方《ぜんぽう》にシャトルを落《お》とすことができ、相手《あいて》は返球《へんきゅう》することが難《むずか》しくなる。

動画をチェック

打《う》った勢《いきお》いで足《あし》を前《まえ》に出《だ》し、
重心《じゅうしん》を前《まえ》に移動《いどう》させよう。

打点《だてん》がもっとも高《たか》い位置《いち》で
シャトルをとらえる。

うまくなるポイント!

手《て》の甲《こう》を内側《うちがわ》に回転《かいてん》させるように返《かえ》す

より強《つよ》くラケットでシャトルをこするために、上《うえ》からラケットを斜《なな》めに切《き》るだけでなく、手首《てくび》を回《まわ》すように前《ぜん》腕《わん》を回内《かいない》させること。手《て》の甲《こう》を内側《うちがわ》に回《まわ》すように、手首《てくび》を柔《やわ》らかく使《つか》うことがポイント。

コツ30

レベル ★★☆

軸《じく》を維持《いじ》しながら力強《ちからづよ》く振《ふ》る

ジャンピングスマッシュ

ここが伸《の》びる

ジャンプして高《たか》い位置《いち》からスマッシュを打《う》つことをジャンピングスマッシュという。通常《つうじょう》のスマッシュより角度《かくど》がつき、シャトルの勢《いきお》いも増《ま》すため強烈《きょうれつ》なショットとなる。

空中《くうちゅう》では体《からだ》の軸《じく》をまっすぐ維持《いじ》する

通常《つうじょう》のスマッシュと同様《どうよう》にラケットを振《ふ》りかぶる。

シャトルの落下位置《らっかいち》までさがり、タイミングを合《あ》わせ大《おお》きくジャンプ。

高《たか》くジャンプしてより高《たか》い位置《いち》でとらえる

ジャンピングスマッシュのポイントは、ジャンプするタイミングだ。タイミングが合《あ》わなければ、飛《と》んでも強《つよ》いスマッシュは打《う》てない。

できるだけ早《はや》い段階《だんかい》でシャトルの下《した》に入《はい》って、体勢《たいせい》を整《ととの》えること。そしてより高《たか》い打点《だてん》でシャトルをとらえることだ。

ラケットを振《ふ》り切《き》って着地《ちゃくち》したら、体重《たいじゅう》を前《まえ》に移動《いどう》させ前傾姿勢《ぜんけいしせい》をとり、前方《ぜんぽう》のラケットフットで体《からだ》を支《ささ》える。

動画をチェック

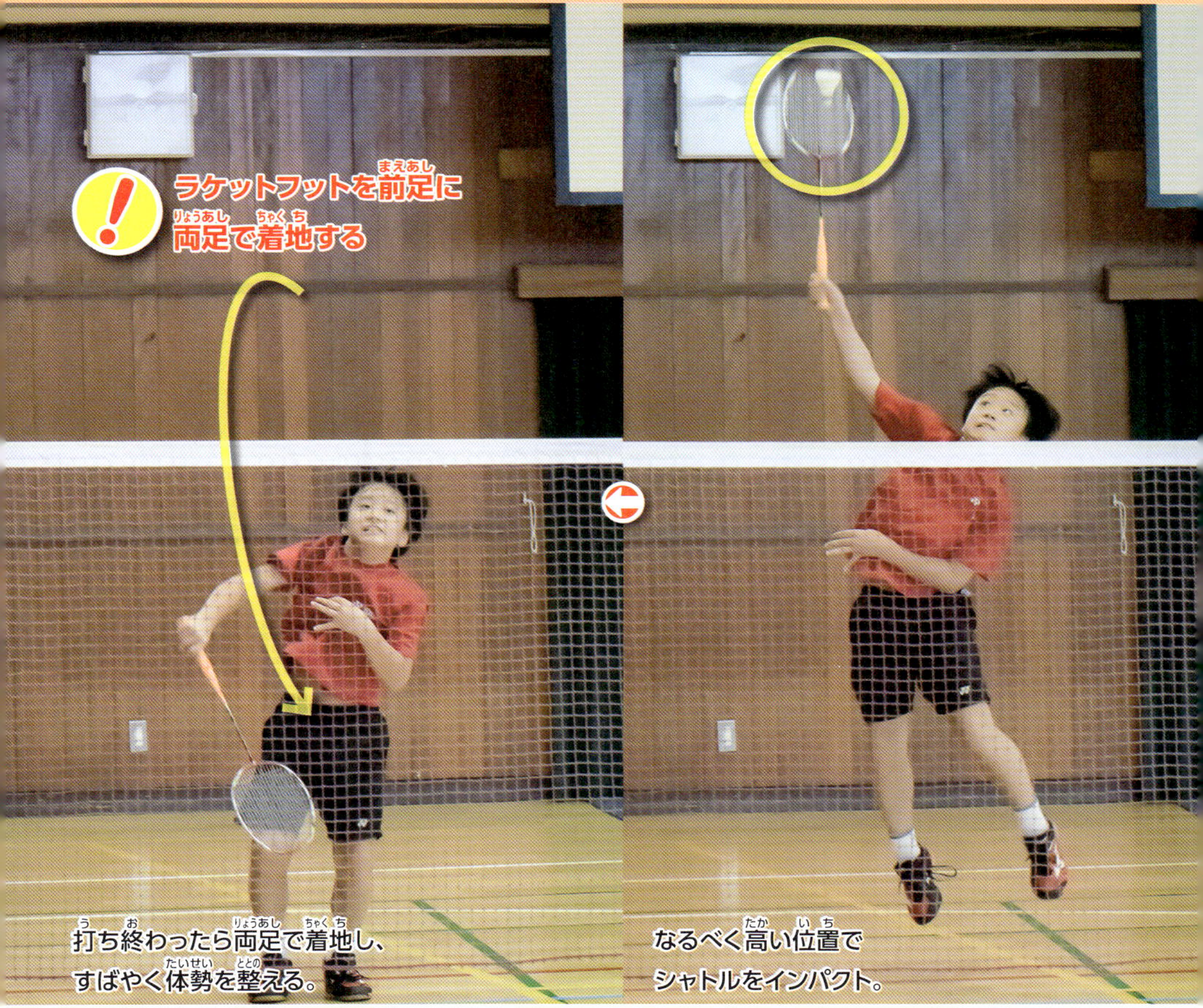

打《う》ち終《お》わったら両足《りょうあし》で着地《ちゃくち》し、すばやく体勢《たいせい》を整《ととの》える。

なるべく高《たか》い位置《いち》でシャトルをインパクト。

うまくなるポイント!

空中《くうちゅう》で軸《じく》を維持《いじ》してスイング

ジャンプしたら上体《じょうたい》を後方《こうほう》にひねらせ、戻《もど》すときの力《ちから》を上体《じょうたい》に伝《つた》える。このとき体《からだ》の軸《じく》がブレしまうと力《ちから》が分散《ぶんさん》し、力強《ちからづよ》いスマッシュが打《う》てない。空中《くうちゅう》では体《からだ》の軸《じく》をまっすぐキープしてスイングする。

コツ31

レベル ★★☆

アタッキング　ロブ

親指《おやゆび》を立《た》ててコンパクトに振《ふ》る

ここが伸びる

相手《あいて》が前《まえ》に出《で》ているときに、その頭上《ずじょう》をロブで狙《ねら》うと攻撃的《こうげきてき》なショットとなる。相手《あいて》に攻撃《こうげき》を読《よ》まれないように、すばやい踏《ふ》み込《こ》みと高《たか》い打点《だてん》から、スピードのある低《ひく》い軌道《きどう》を目指《めざ》す。

低《ひく》く速《はや》いロブで相手《あいて》を左右《さゆう》に振《ふ》る

低《ひく》く速《はや》いロブが打《う》てると、ネットを予想《よそう》して前《まえ》に出《で》てくる相手選手《あいてせんしゅ》をあざむくことがき、ラリーの幅《はば》が広《ひろ》がる。攻撃的《こうげきてき》なロブは、相手《あいて》の頭上《ずじょう》をギリギリ通《とお》る高《たか》さが目安《めやす》。守備的《しゅびてき》なロブとは違《ちが》い高《たか》くあげない。

低《ひく》く、速《はや》い球《たま》を打《う》つためには、すばやくシャトルの落下点《らっかてん》に入《はい》り、高《たか》い打点《だてん》でシャトルをとらえることが大切《たいせつ》。

クロスまたはストレートへのコースに打《う》ち分《わ》けられるように練習《れんしゅう》しておきたい。

動画をチェック

すばやく大《おお》きく踏《ふ》み出《だ》す

前足《まえあし》をすばやく大《おお》きく踏《ふ》み出《だ》し、ヒザを曲《ま》げる。このとき、元《もと》の体勢《たいせい》にすばやく戻《もど》れるように、前足《まえあし》のヒザはくるぶしよりも前《まえ》に出《で》ないように気《き》をつける。攻撃的《こうげきてき》ロブではコンパクトに振《ふ》り、鋭《するど》い軌道《きどう》を心《こころ》がける。

手首《てくび》を使《つか》ってコンパクトに打《う》つ

グリップは親指《おやゆび》を立《た》てて持《も》ち、手首《てくび》を使《つか》ってコンパクトにスイングすると、力《ちから》が伝《つた》わりやすい。左右《さゆう》またはストレート・クロスへのコースの打《う》ち分《わ》けができると、相手《あいて》のいないところにシャトルを落《お》とすことができる。

コツ
32

レベル
★★☆

リストスタンドしながらコンパクトに振《ふ》る

ロングレシーブ

ここが伸びる

強《つよ》いスマッシュを打《う》ち返《かえ》すレシーブには「ロング」「ショート」「ドライブ」の三種類《さんしゅるい》がある。状況《じょうきょう》に応《おう》じたテクニックを使《つか》うことで、守備《しゅび》だけでなく反撃《はんげき》のチャンスをうかがう。

ダイナミックなフォロースルーで コート奥《おく》まで飛《と》ばす

ロングレシーブは、より高《たか》く遠《とお》くへ飛《と》ばすことが大切《たいせつ》。ロングサービスラインを目安《めやす》に狙《ねら》う。勢《いきお》いのあるスマッシュに対《たい》しては、**タイミングが遅《おく》れがちになるので、インパクトまでは大振《おおぶ》りに注意《ちゅうい》しフォロースルーで高《たか》さと距離《きょり》を出《だ》す。**

両《りょう》ヒザを軽《かる》く曲《ま》げてシャトルに正対《せいたい》し、ラケットを軽《かる》く引《ひ》いてバックスイングをとる。インパクトまではリストスタンドしながらコンパクトに振《ふ》り、狙《ねら》うコースや強《つよ》さによって、手首《てくび》の角度《かくど》やフォロースルーを変《か》えていく。

リストスタンドしてコンパクトに振《ふ》る

シャトルから目《め》を離《はな》さずに、タイミングをはかってラケットを軽《かる》く引《ひ》いく。そこからリストスタンドし、グリップエンドからラケットを振《ふ》り出《だ》す。ヒジを伸《の》ばしダイナミックにフォロースルーをとることが大事《だいじ》。

手首《てくび》の角度《かくど》でコースを変《か》える

シャトルの飛《と》ぶコースは、手首《てくび》の角度《かくど》で調《ちょう》整《せい》することができる。リストスタンドを保《たも》ったまま、手首《てくび》を使《つか》い、飛《と》ばしたいコースへ向《む》かってラケットを振《ふ》る。打《う》ったらすぐに体勢《たいせい》を整《ととの》え、次《つぎ》の動作《どうさ》の準備《じゅんび》に入《はい》る。

コツ33

レベル ★★☆

ショートレシーブ

ラケット面《めん》でシャトルの勢《いきお》いを吸収《きゅうしゅう》する

ここが伸びる

ショートレシーブはネット前《まえ》にシャトルが落《お》ちる軌道《きどう》のショット。より相手《あいて》を走《はし》らせるためには、クロスのスマッシュはストレートに、ストレートのスマッシュはクロスに返《かえ》すのが基本《きほん》となる。

動画をチェック

自分《じぶん》のコートでシャトルが最頂点《さいちょうてん》をむかえる

相手《あいて》が次《つぎ》の攻撃《こうげき》を仕掛《しか》けにくくするため、**ネットの前《まえ》にシャトルが落《お》ちるように運《はこ》ぶのがポイント。**そのために、できるだけ自分《じぶん》のコート内《ない》で高《たか》さの頂点《ちょうてん》を迎《むか》えるように打《う》ち、ネットを越《こ》えたあたりですっと落《お》ちていく軌道《きどう》を目指《めざ》す。

インパクトまで体《からだ》は正面《しょうめん》に向《む》けたままを保《たも》ち、小《ちい》さなスイングを意識《いしき》して、手首《てくび》の動《うご》きを制御《せいぎょ》して打《う》つ。そうすることで、シャトルの軌道《きどう》をコントロールしやすくする。

手首《てくび》を制御《せいぎょ》して小《ちい》さなスイング

速《はや》いショットの返球《へんきゅう》に対《たい》し小《ちい》さく返《かえ》す場合《ばあい》、シャトルの勢《いきお》いをラケット面《めん》で吸収《きゅうしゅう》することが大切《たいせつ》。小《ちい》さなスイングを意識《いしき》し、フォロースルーまでは、手首《てくび》の動《うご》きを制限《せいげん》して打《う》つことでシャトルの軌道《きどう》がコントロールしやすくする。

自分《じぶん》のコート内《ない》でシャトルが最頂点《さいちょうてん》になる

ショートレシーブは、シャトルが自分《じぶん》のコート内《ない》で最頂点《さいちょうてん》を向《む》かえ、相手《あいて》のネット前《まえ》にシャトルが落《お》ちる軌道《きどう》が理想《りそう》。ラケット面《めん》を飛《と》ばしたい方向《ほうこう》に出《だ》すことで、クロスやストレートなどのコースの打《う》ち分《わ》けができる。

コツ34

レベル ★★☆

ドライブリターン

コンパクトに振《ふ》り直線的《ちょくせんてき》に返球《へんきゅう》する

ここが伸びる　ドライブリターンは攻撃的《こうげきてき》なレシーブで、攻守《こうしゅ》を一転《いってん》させることができる。角度《かくど》のないスマッシュの返球《へんきゅう》に有効《ゆうこう》で、ダブルスでは前衛《ぜんえい》のサイドを抜《ぬ》くのに使《つか》うことができる。

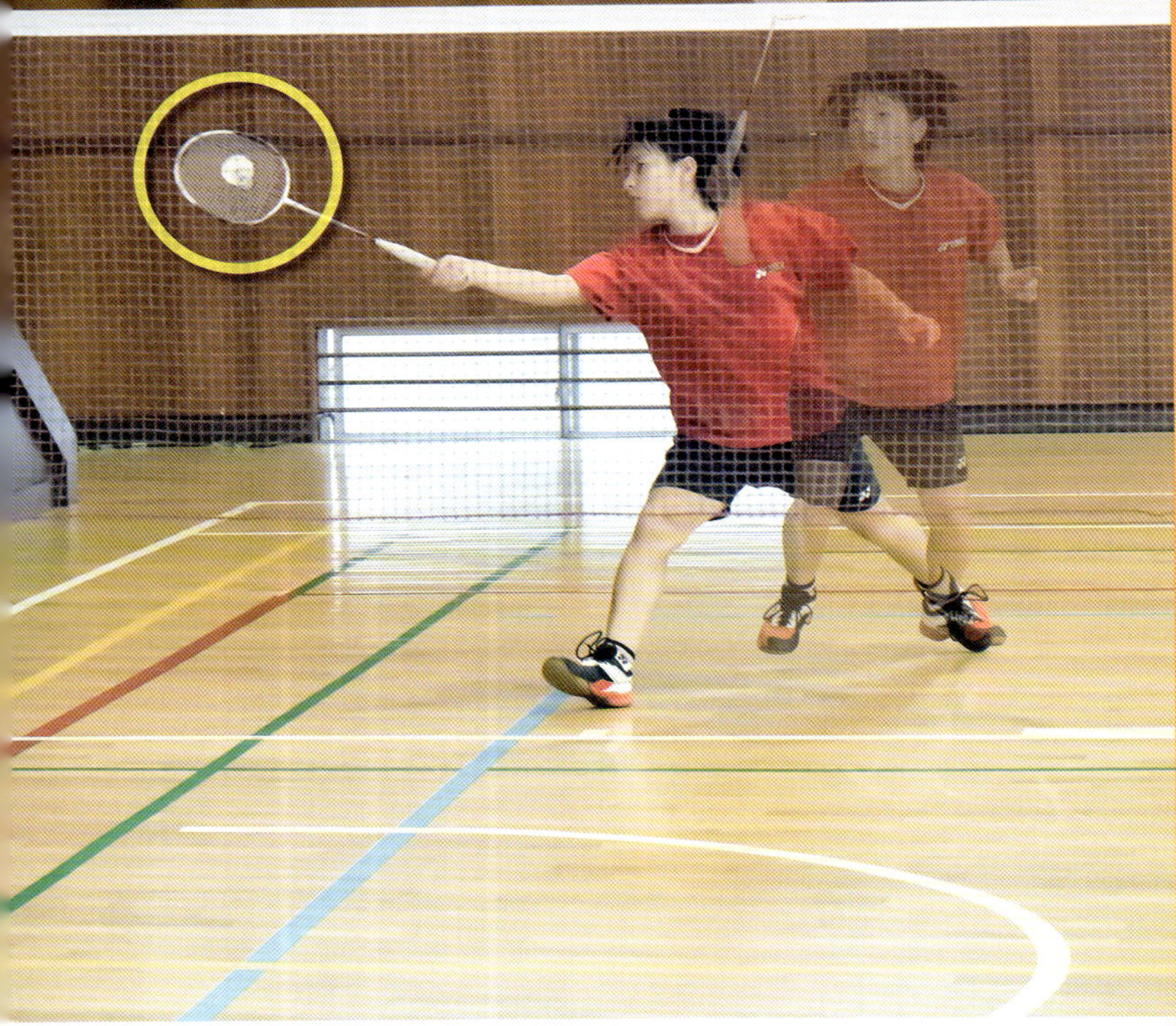

スマッシュの勢《いきお》いを利用《りよう》する

ドライブリターンは相手《あいて》のスマッシュのスピードを利用《りよう》し、鋭《するど》い直線的《ちょくせんてき》な返球《へんきゅう》で攻撃《こうげき》に転《てん》じるショット。**強打《きょうだ》するのではなく、相手《あいて》のショットにタイミングを合《あ》わせ、カウンターのように返《かえ》す。**

コンパクトなスイングを心《こころ》がけ、鋭《するど》くインパクトするのがポイント。ダブルスの場合《ばあい》は、シャトルが浮《う》いてしまうと、相手《あいて》前衛《ぜんえい》に叩《たた》かれてピンチになってしまうので、ネットすれすれの軌道《きどう》を心《こころ》がけよう。

動画をチェック

リストスタンドしてコンパクトに振《ふ》る

上《うえ》から下《した》に落《お》ちてくるスマッシュに対《たい》し、軌道《きどう》の下《した》にもぐりこむように体勢《たいせい》を低《ひく》くする。できるだけラケット面《めん》がグリップよりも上方《じょうほう》にくるようにして、リストスタンドしてコンパクトに振《ふ》ることで、力強《ちからづよ》いドライブリターンとなる。

鋭《するど》く手首《てくび》を返《かえ》してシャトルを押《お》し出《だ》す

フォアハンドでもバックハンドでも、通常《つうじょう》のドライブと同《おな》じように、鋭《するど》くインパクトして、シャトルを押《お》し出《だ》すように打《う》つ。バックの場合《ばあい》はラケットを短《みじか》めに持《も》つと、ラケットを操作《そうさ》しやすくなる。

コツ35

レベル ★☆☆

体《からだ》の正面《しょうめん》でシャトルをとらえる

ボディショットのレシーブ

ここが伸びる

ボディショットとは、体《からだ》の正面《しょうめん》を狙《ねら》って飛《と》んでくるショットのこと。
レシーブするには、すばやい対応《たいおう》とラケット操作《そうさ》で返球《へんきゅう》する。
逆《ぎゃく》にボディショットを打《う》つ側《がわ》は相手《あいて》にスキがあればチャンス。

高《たか》い軌道《きどう》ならワキを締《し》めて
フォアハンドで対応《たいおう》し、
それ以外《いがい》は基本的《きほんてき》にバックハンドで返《かえ》す。

体《からだ》を正面《しょうめん》に向《む》け シャトルを待《ま》つ

ボディショットは右利《みぎき》きの場合《ばあい》は上《じょう》半身《はんしん》の右側《みぎがわ》、左利《ひだりき》きならその逆《ぎゃく》が狙《ねら》いどころ。ラケットの出《だ》しにくい体《からだ》の正《しょう》面《めん》に、シャトルが速《はや》いスピードで飛《と》んでくるので、大《おお》きなスイングでは対応《たいおう》しきれない。

そのため、**フォアハンドに飛《と》んできたものもバックハンドを使《つか》って打《う》ち返《かえ》すことが多《おお》い。**バックハンドの方《ほう》が、小《ちい》さなラケット操作《そうさ》で対応《たいおう》できる。やや前傾姿勢《ぜんけいしせい》となり体《からだ》の前《まえ》にスペースをつくることを意識《いしき》する。

動画をチェック

返球《へんきゅう》したいコースに
ラケット面《めん》を向《む》け、
コンパクトに振《ふ》り出《だ》す。

ヒジを伸展《しんてん》させながら、
体《からだ》の前《まえ》でシャトルを
とらえるように意識《いしき》する。

体《からだ》を正面《しょうめん》に向《む》け、
ヒジを曲《ま》げて
シャトルを待《ま》つ。

うまくなるポイント!

フォアハンドは
ワキを締《し》める

フォアハンド側《がわ》の高《たか》い位置《いち》は、フォアハンドで返《かえ》すことができる。ワキを締《し》め、右足《みぎあし》を少《すこ》しまえに出《だ》して打《う》つ。腕《うで》を小《ちい》さくたたむイメージを持《も》つとよい。スイングは大振《おおぶ》りせずミートを心《こころ》がける。

コツ36

レベル ★★☆

インパクト直前《ちょくぜん》に面《めん》をクロスへ向《む》ける

クロスネット　フォアハンド

ここが伸《の》びる

ヘアピンはコート前面《ぜんめん》のネット際《ぎわ》に落《お》とす技術《ぎじゅつ》だが、クロスネットはクロス方向《ほうこう》にシャトルを運《はこ》ぶテクニック。相手《あいて》の動《うご》きを見《み》ながら繰《く》り出《だ》すことで、裏《うら》をかくことができる。

ネット際《ぎわ》に落《お》ちる
シャトルに向《む》かって前進《ぜんしん》する。

ラケット面《めん》をすばやく変《か》えて、
クロスに向《む》ける。

インパクト直前《ちょくぜん》に
面《めん》をクロスに向《む》ける

直前《ちょくぜん》にラケット面《めん》を変《か》えてクロスに運《はこ》ぶ

相手《あいて》がネット際《ぎわ》の正面《しょうめん》にいる場合《ばあい》には、相手《あいて》のいないクロス方向《ほうこう》へのヘアピンが有効《ゆうこう》となる。このクロス方向《ほうこう》への返球《へんきゅう》をクロスネットと呼《よ》ぶ。

クロスネットは、インパクトの瞬間《しゅんかん》まで相手《あいて》にコースを読《よ》まれないことが大切《たいせつ》。**シャトルのコルクが下《した》を向《む》いたときに、ラケット面《めん》を変《か》えクロスに向《む》ける。**力《ちから》を入《い》れすぎると、サイドアウトになるので、柔《やわ》らかく手首《てくび》を使《つか》い、シャトルを面《めん》の上方《じょうほう》で運《はこ》ぶイメージを持つ。

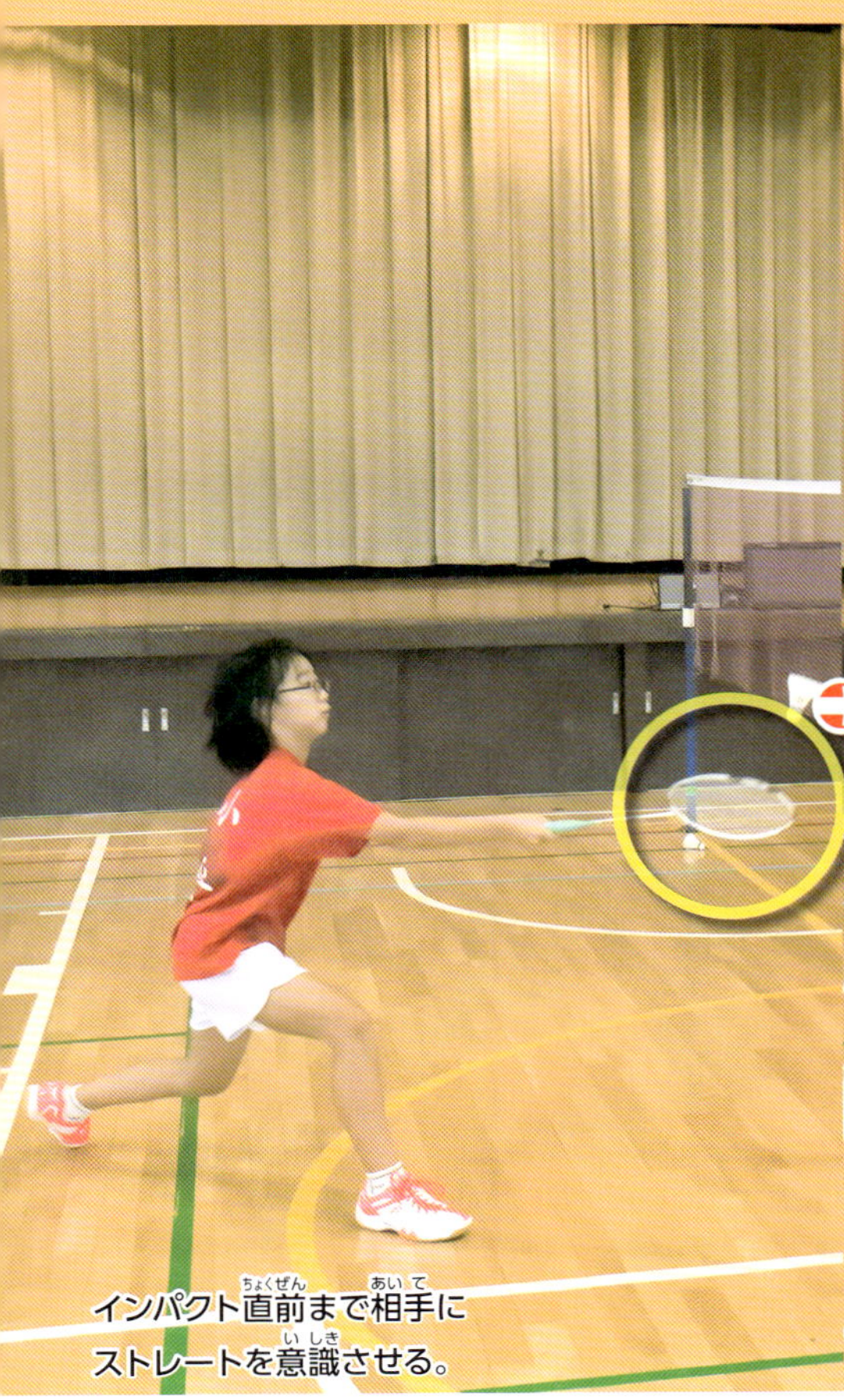

インパクト直前《ちょくぜん》まで相手《あいて》にストレートを意識《いしき》させる。

できるだけ高《たか》い打点《だてん》でシャトルの方向《ほうこう》をコントロールする。

うまくなるポイント!

インパクト直前《ちょくぜん》にラケット面《めん》を向《む》ける

基本的《きほんてき》なフォームはヘアピンと同《おな》じ。ポイントは相手《あいて》にクロスネットを打《う》つことを気《き》づかれないようにすること。ネット際《きわ》に飛《と》んできたシャトルのコルクが下《した》を向《む》いたとき、ラケット面《めん》をすばやくクロスに向《む》ける。

コツ37

レベル ★★☆

高《たか》い打点《だてん》で相手《あいて》をひきつけて打《う》つ

クロスネット　バックハンド

ここがの伸びる

バックハンドからのクロスネットも相手《あいて》をだますことを意識《いしき》して使《つか》う。インパクトのギリギリまでストレートの面《めん》をつくることで相手《あいて》の意表《いひょう》をつくことができる。

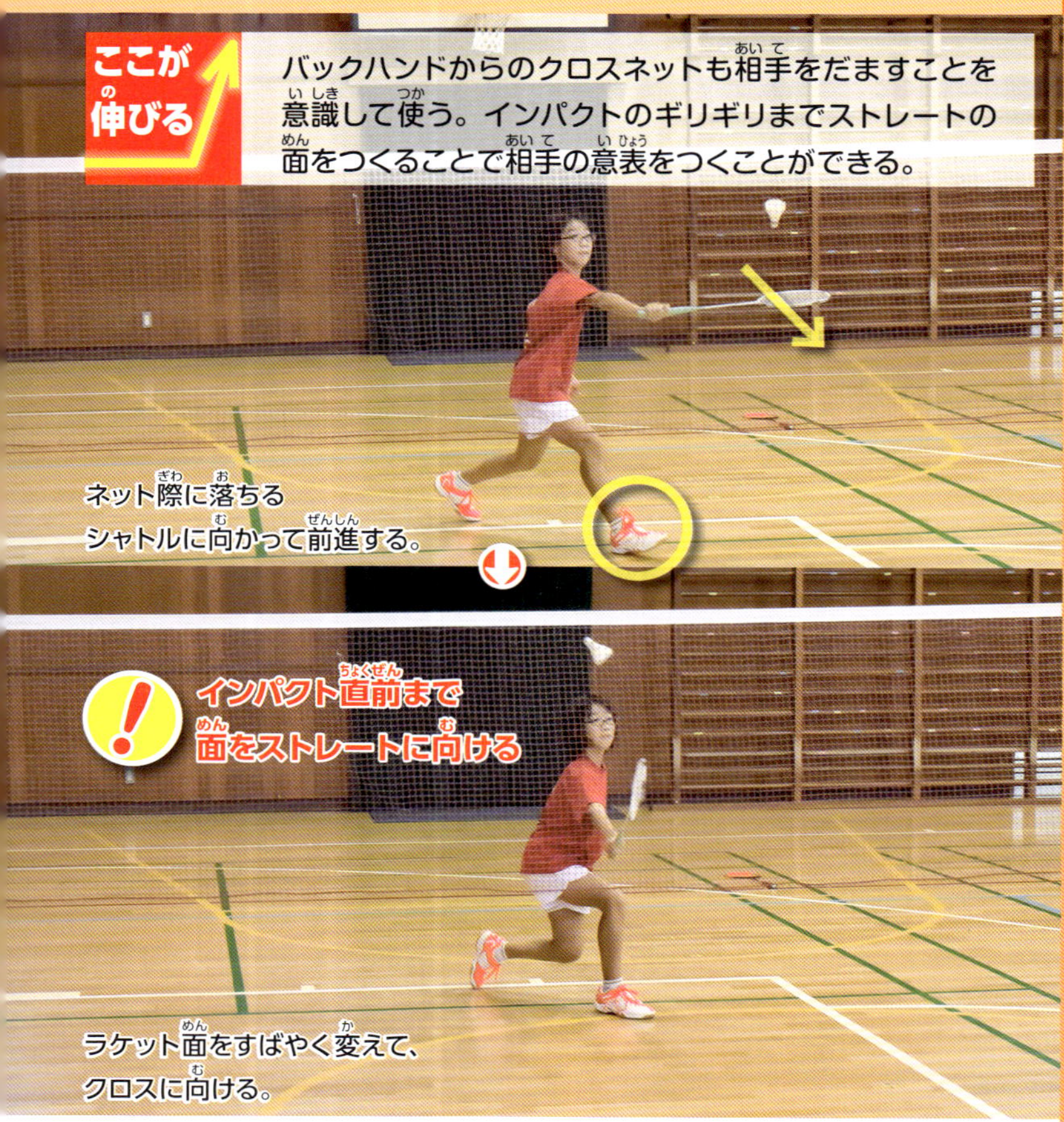

ネット際《ぎわ》に落《お》ちるシャトルに向《む》かって前進《ぜんしん》する。

インパクト直前《ちょくぜん》まで面《めん》をストレートに向《む》ける

ラケット面《めん》をすばやく変《か》えて、クロスに向《む》ける。

ストレートの面《めん》をつくって相手《あいて》のウラをかく

クロスネットは、ストレートに返《かえ》すと見《み》せかけ、相手《あいて》をひきつけることがポイント。特《とく》に低《ひく》い打点《だてん》で打《う》たなくてはならない場合《ばあい》は、**ストレートを打《う》つように見《み》せかけるために、ギリギリまでストレートの面《めん》をつくることがポイントになる。**

ヘアピンと同様《どうよう》に、なるべくシャトルの軌道《きどう》を浮《う》かせずネットギリギリを越《こ》すようにする。そのために、いち早《はや》くネット際《ぎわ》に近《ちか》づき高《たか》い打点《だてん》でとらえることも大切《たいせつ》だ。

動画をチェック

打《う》ち終《お》わったら
次《つぎ》の動作《どうさ》に備《そな》える。

ラケットがネットに
触《ふ》れないよう注意《ちゅうい》

できるだけ高《たか》い打点《だてん》で
シャトルの方向《ほうこう》をコントロールする。

うまくなるポイント!

手首《てくび》を柔《やわ》らかく使《つか》い 右方向《みぎほうこう》に返《かえ》す

ストレートに見《み》せかけてからクロスを狙《ねら》うため、手首《てくび》は柔《やわ》らかく使《つか》う。ラケットをシャトルの下《した》にくぐらせてから、ヒジを曲《ま》げながら途中《とちゅう》で手首《てくび》を起《お》こす。そのまま手首《てくび》を右《みぎ》に返《かえ》して打《う》てば、シャトルはクロス方向《ほうこう》に飛《と》んでいく。

コツ38

レベル ★★☆

シャトルを面《めん》で切《き》って持《も》ち上《あ》げる

スピンネット　フォアハンド

ここがの伸びる
ヘアピンでラケット面《めん》を内側《うちがわ》や外側《そとがわ》に切《き》り、シャトルにスピンをかける応用《おうよう》技術《ぎじゅつ》をスピンネットという。コルクが上《うえ》を向《む》いたまま落《お》ちたり、不規則《ふきそく》な動《うご》きで相手《あいて》のミスを誘《さそ》うことができる。
ラケットを目線《めせん》の高《たか》さにして腕《うで》を伸《の》ばす

腕《うで》を高《たか》くあげ、ラケットを持《も》つ腕《うで》と同《おな》じ側《がわ》の足《あし》を踏《ふ》み込《こ》む。

ネット際《ぎわ》に落《お》ちるシャトルに向《む》かって前進《ぜんしん》する。

シャトルの入《はい》ってきたコースで打《う》ち分《わ》ける

スピンネットを打《う》つときは、相手《あいて》の返球《へんきゅう》に対《たい》して「切《き》る」方向《ほうこう》を変《か》えることで、より相手《あいて》にとって返球しにくく、自分《じぶん》もエラーにくいショットとなる。

フォアハンドでは、相手《あいて》からストレートで入《はい》ってきたシャトルに対《たい》して、外側《そとがわ》から切《き》る。外側《そとがわ》から内側《うちがわ》へラケットを反時計回《はんとけいまわ》りに持《も》ちあげるように切《き》る。**手《て》だけの動作《どうさ》にならないよう、足《あし》をシャトルの落下位置《らっかいち》に踏《ふ》み込《こ》むことも大事《だいじ》。**

動画をチェック

外側《そとがわ》から内側《うちがわ》へ ラケットを 反時計回《はんとけいまわ》りに切《き》る

ラケット面《めん》を切《き》るように
シャトルに当《あ》てる。

うまくなるポイント!

内側《うちがわ》から外側《そとがわ》に 時計回《とけいまわ》りに持《も》ちあげる

クロスから入《はい》ってきたシャトルに対《たい》しては、内側《うちがわ》から切《き》るのが基本《きほん》。ラケットは、内側《うちがわ》から外側《そとがわ》に時計回《とけいまわ》りに持《も》ちあげるように切《き》る。手首《てくび》に力《ちから》が入《はい》りすぎないようラケットを軽《かる》く持《も》つ。

コツ39

レベル ★★☆

不規則《ふきそく》な軌道《きどう》で相手《あいて》のミスを誘《さそ》う

スピンネット　バックハンド

ここが伸びる

スピンネットはコルクが下《した》を向《む》かず、やや不規則《ふきそく》な軌道《きどう》で飛ぶ。フォアハンドはもちろん、バックハンドもマスターすれば、相手《あいて》レシーバーの羽打《はねう》ちによるミスやチャンスボールを誘《さそ》うことができる。

ラケットを持《も》つ腕《うで》と同《おな》じ側《がわ》の足《あし》を踏《ふ》み込《こ》む。

ネット際《ぎわ》に落《お》ちるシャトルに向《む》かって前進《ぜんしん》する。

比較的《ひかくてき》マスターしやすい バックハンドに挑戦《ちょうせん》

バドミントンのテクニックでも難易《なんい》度《ど》の高《たか》い「スピンネット」。**フォアハンドよりも微妙《びみょう》なラケット操作《そうさ》がしやすいバックハンドの方《ほう》がマスターしやすい。**最初《さいしょ》は高《たか》い所《ところ》にシャトルをあげてもらい、それを切《き》る練習《れんしゅう》を繰《く》り返《かえ》す。はじめはコースや内外《ないがい》にこだわらず、ラケットを入《い》れて切《き》る感覚《かんかく》を覚《おぼ》える。

バックハンドでスピンネットを打《う》つときは、外側《そとがわ》から内側《うちがわ》へラケットを反《はん》時計回《とけいまわ》りに持《も》ちあげるように切《き》るのも有効《ゆうこう》。

動画をチェック

うまくなるポイント!

コースに合《あ》わせて切《き》る方向《ほうこう》を変《か》える

バックハンドでもしっかり足《あし》を踏《ふ》み出《だ》してシャトルの落下点《らっかてん》に入《はい》り、なるべく高《たか》い打点《だてん》でインパクト。シャトルを切《き》る方向《ほうこう》に、内側《うちがわ》から外側《そとがわ》へラケットを持《も》ちあげるように切《き》る方法《ほうほう》もある。

コツ40

レベル ★★★

ワイパーショット

ネットと平行《へいこう》にラケットを左右《さゆう》に払《はら》う

ここが伸びる

ネット、ギリギリのシャトルには、高《たか》い打点《だてん》をとれたならワイパーショットを使《つか》う。相手《あいて》のポジションを確認《かくにん》し、ネットと平行《へいこう》にラケットを振《ふ》ってポイントをとりにいくことができる。

右《みぎ》から左《ひだり》へ払《はら》うように
ラケットを振《ふ》る。

シャトルの落下点《らっかてん》に入《はい》り、
ラケット面《めん》でシャトルをとらえる。

スイングしにくいネット際《ぎわ》で相手《あいて》コートに打《う》ち込《こ》む

ワイパーショットは、ネット際《ぎわ》のスイングがしにくいポジションで使《つか》うテクニック。ネットと平行《へいこう》にラケットを動《うご》かし、シャトルを相手《あいて》コートに叩《たた》き込《こ》む難易度《なんいど》の高《たか》い技術《ぎじゅつ》だ。

プッシュがラケットを前後《ぜんご》に動《うご》かすのに対《たい》して、ワイパーショットは**ラケット面《めん》をネットと平行《へいこう》に左右《さゆう》に動《うご》かし、フォアハンドなら右《みぎ》から左《ひだり》、バックならその逆《ぎゃく》に、シャトルを払《はら》うように打《う》つのがポイント。**高《たか》い打点《だてん》から積極的《せっきょくてき》に打《う》っていこう。

動画をチェック

シャトルを見《み》ながら
すばやく落下点《らっかてん》に入《はい》る。

左《ひだり》から右《みぎ》へ払《はら》うように
ラケットを振《ふ》る。

うまくなるポイント!

ネットと平行《へいこう》に ラケットを動《うご》かす

ネット際《ぎわ》のシャトルを打《う》とうとして、ラケットがネットに触《ふ》れたり、ネットを越《こ》えてしまうと反則《はんそく》だ。シャトルの落下点《らっかてん》に入《はい》りつつ、リストスタンドしながらラケットをネットと平行《へいこう》に動《うご》かすことがポイント。

コツ+α

レベル ★☆☆

サービスの順番《じゅんばん》を理解《りかい》する

サーブ・レシーブ

シングルスのサービス権《けん》

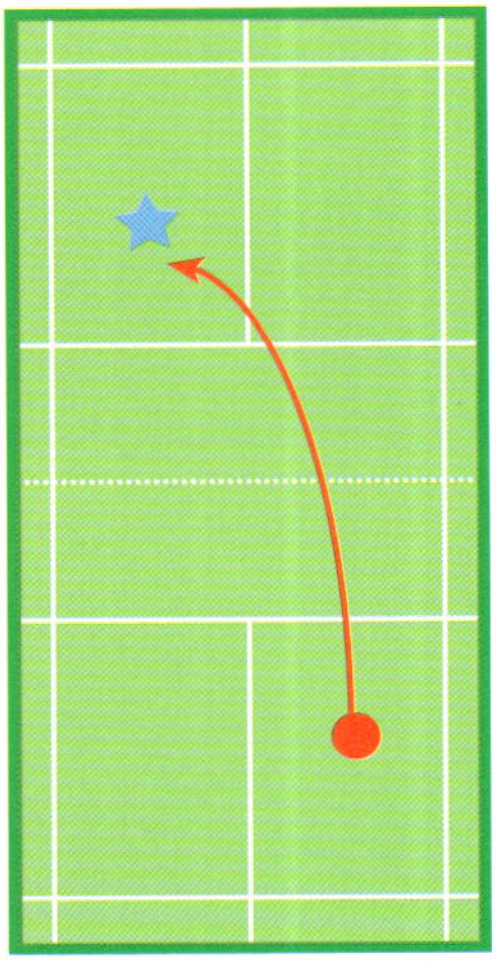

●からサービス。サーブ権《けん》をとった方《ほう》のプレーヤーが右《みぎ》コートから反対側《はんたいがわ》の右コートへサービスする。

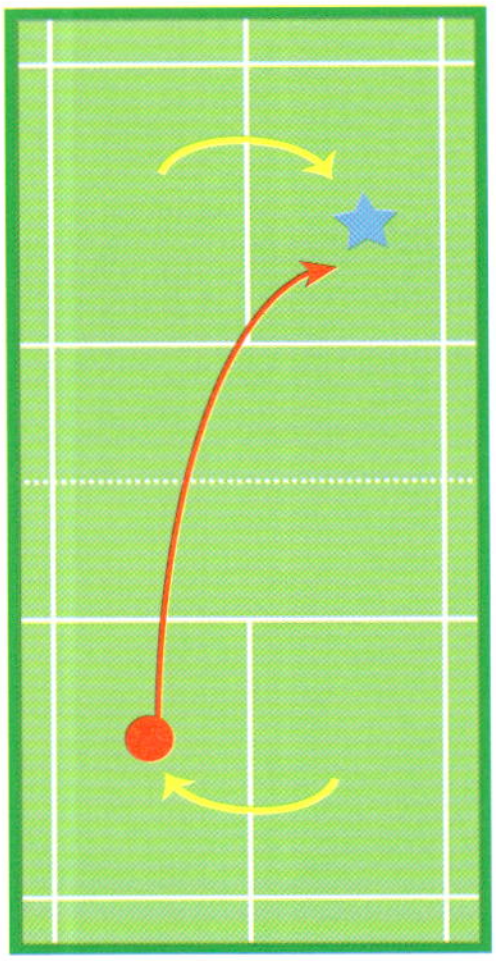

●にポイントが入《はい》り、「1−0」になると、奇数点《きすうてん》なので、●が左側《ひだりがわ》に移動《いどう》して、そこからサービスする。

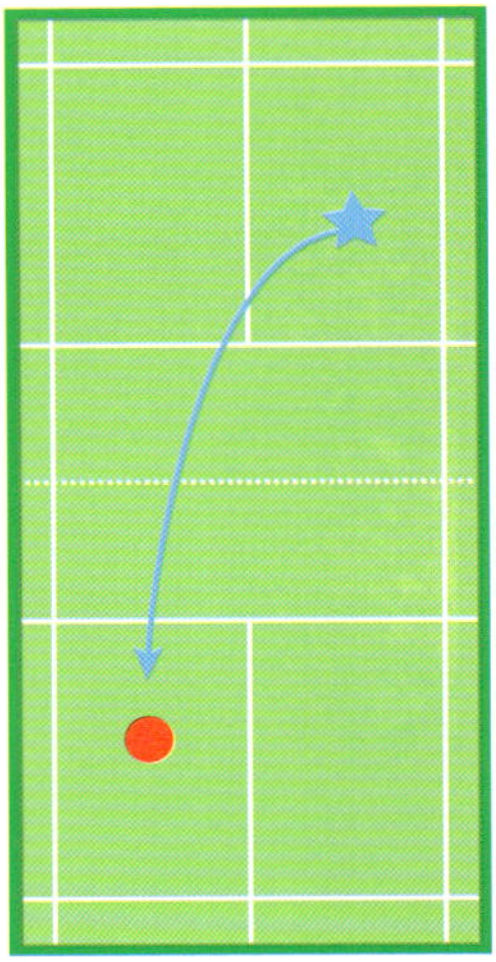

★にポイントが入《はい》り、「1−1」になるとサービス権《けん》が★へうつる。奇数点《きすうてん》の★は左《ひだり》コートからサービスする。

ダブルスのサービス権

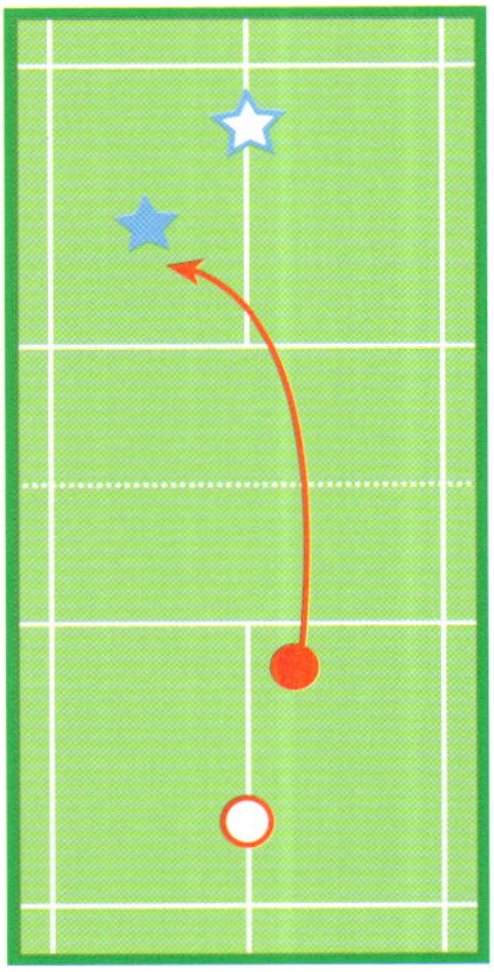

●と○ペアからサービス。サーブ権《けん》をとった方《ほう》のペアが右《みぎ》コートから反対側《はんたいがわ》の右《みぎ》コートへサービスする

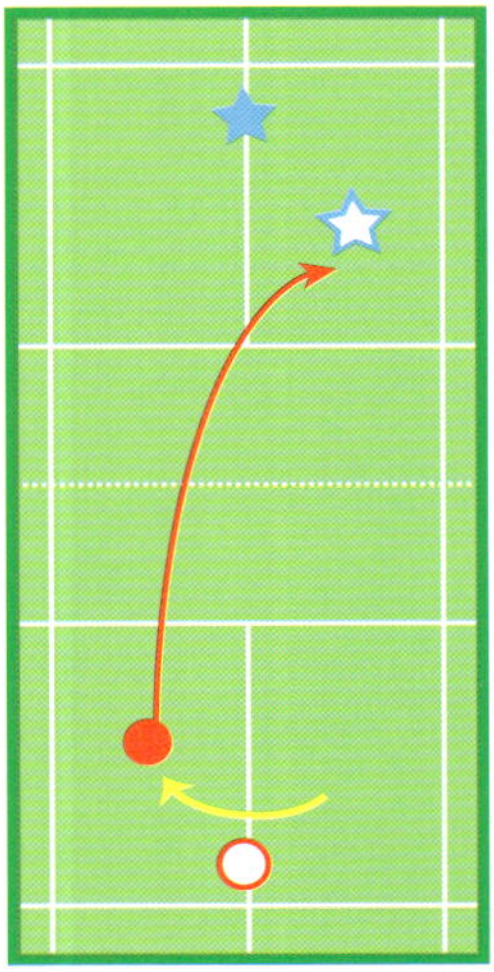

●&○ペアにポイントが入《はい》り、「1−0」になると、奇数点《きすうてん》なので、続《つづ》けて●が左《ひだり》コートからサービスする。

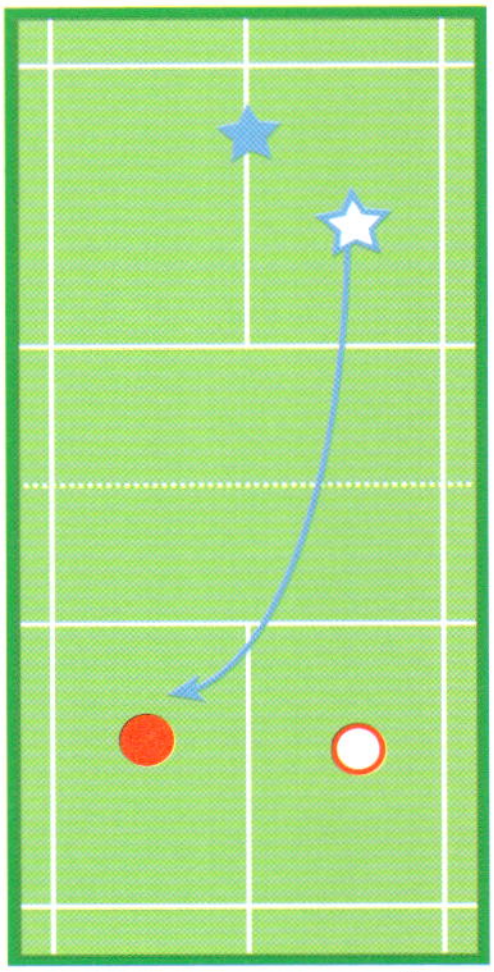

☆&★ペアにポイントが入《はい》り、「1−1」になるとサービス権《けん》が☆&★へ移《うつ》る。奇数点《きすうてん》なので左《ひだり》コートにいる☆がサービス。

トップ選手《せんしゅ》になるためのトレーニング

PART 4

コツ41

レベル ★☆☆

ジュニア世代《せだい》のトレーニング

軸《じく》を意識《いしき》して体《からだ》を鍛《きた》える

ここが伸びる

ジュニア世代《せだい》は、体《からだ》の「軸《じく》」を意識《いしき》することが大事《だいじ》。それがショットやフットワークの向上《こうじょう》につながる。さらに目的別《もくてきべつ》に筋力《きんりょく》トレーニングやノック練習《れんしゅう》を行《おこな》うことで全体《ぜんたい》がレベルアップする。

体《からだ》の軸《じく》を意識《いしき》することでショットが安定《あんてい》する

ジュニア世代《せだい》では、大《おお》きな負荷《ふか》を使《し》用《よう》した筋力《きんりょく》トレーニングは危険《きけん》である。**シャトルを打《う》つ練習《れんしゅう》と平行《へいこう》して、アジリティ（敏《びん》しょう性《せい》）や体《からだ》の軸《じく》を意識《いしき》した「コアトレーニング」に積極《せっきょく》的《てき》に取《と》り組《く》むべきだ。**

運動能力《うんどうのうりょく》の基礎《きそ》を底上《そこあ》げしていくことで、下半身《かはんしん》と上半身《じょうはんしん》の連動《れんどう》がスムーズになり、ショット自体《じたい》が安定《あんてい》してくる。また、試合《しあい》や練習前《れんしゅうまえ》のウォーミングアップやその後《ご》のクールダウンなど体《からだ》のケアも質《しつ》の高《たか》い練習《れんしゅう》を維持《いじ》する。

練習《れんしゅう》の導入《どうにゅう》にコアトレーニングを行《おこな》う

ウォーミングアップとクールダウンは練習《れんしゅう》（または試合《しあい》）の「オン・オフ」を切《き》り替《か》える大事《だいじ》な要素《ようそ》。ケガの予防《よぼう》や疲労軽減《ひろうけいげん》などにも最適《さいてき》。練習《れんしゅう》の導入《どうにゅう》には体《からだ》の軸《じく》を意《い》識《しき》して動《うご》かす「コアトレーニング」も効果《こうか》がある。試合《しあい》前《まえ》には「ダイナミックストレッチ」で動的要素《どうてきようそ》を増《ふ》やすと良《よ》い。

敏《びん》しょう性《せい》とスピードをアップするフットワーク練習《れんしゅう》

フットワーク練習《れんしゅう》では、敏《びん》しょう性《せい》の向上《こうじょう》やスピードなどバドミントンに必要《ひつよう》な動作《どうさ》を鍛《きた》える。バドミントンのスイングや体《からだ》の軸《じく》を意識《いしき》して取《と》り組《く》むことで、正《ただ》しいフォームを身《み》につけることができる。フットワークの精《せい》度《ど》はショットの精度《せいど》と連動《れんどう》するので、不可欠《ふかけつ》な練習《れんしゅう》だ。

正《ただ》しいフォームを意識《いしき》してシャトルを打《う》つ

実際《じっさい》にシャトルを打《う》つ練習《れんしゅう》には「ノック」がある。正確《せいかく》なショットを打《う》つために体《からだ》の軸《じく》を維持《いじ》しつつ、フットワークを使《つか》ってあらゆるシャトルに対応《たいおう》できる能力《のうりょく》をアップ。コートを有効《ゆうこう》に使《つか》って練習《れんしゅう》する。ノックですり込んだ動きをフィードバックしてパターン練習《れんしゅう》を行《おこな》えば、より実践的《じっせんてき》な練習《れんしゅう》に移行《いこう》できる。

うまくなるポイント!

パターン練習《れんしゅう》で実戦《じっせん》に使《つか》えるテクニックを身《み》につける

ラリーからショットを決《き》めるまでの形《かたち》をマスターするのが、「パターン練《れん》習《しゅう》」だ。コートに複数《ふくすう》の選手《せんしゅ》が入《はい》り、試合《しあい》で有効《ゆうこう》な攻撃《こうげき》や守備《しゅび》のパターンを体《からだ》で覚《おぼ》え、得点《とくてん》パターンを身《み》につける。

コツ42

レベル ★☆☆

ウォーミングアップ

コアトレーニングで体《からだ》を動《うご》かす準備《じゅんび》

ここが伸《の》びる

コアトレーニングは、バドミントンの動作《どうさ》の軸《じく》となる体《からだ》の柱《はしら》を鍛《きた》えるトレーニング。ウォーミングアップ時《じ》に取《と》り入《い》れることで、体《からだ》の軸《じく》をより意識《いしき》することができる。

片手《かたて》・手押《てお》し車《ぐるま》

足《あし》を持《も》つパートナーは片手《かたて》で手押《てお》し車《ぐるま》を行《おこな》う。体《からだ》をまっすぐキープして前《まえ》に進《すす》むことで、軸《じく》となる腹筋群《ふっきんぐん》を鍛《きた》える。

コアトレーニングを ウォーミングアップに取《と》り入《い》れる

バドミントンの攻守《こうしゅ》において、思《おも》い通《どお》りのところにショットを打《う》つためには、体《からだ》の軸《じく》の安定《あんてい》が欠《か》かせない。**左《さ》右《ゆう》・前後《ぜんご》・上下《じょうげ》の軸《じく》やバランス感覚《かんかく》を意識《いしき》することで、より速《はや》いスイングが可能《かのう》となり、ショットが安定《あんてい》するのだ。**

ジュニア世代《せだい》では大《おお》きな負荷《ふか》を扱《あつか》う筋力《きんりょく》トレーニングよりも、体《からだ》の軸《じく》を意《い》識《しき》して鍛《きた》えるコアトレーニングや自重《じじゅう》を利用《りよう》したトレーニングが有効《ゆうこう》。ウォーミングアップ時《じ》に行《おこな》うことでショットの動作《どうさ》に結《むす》びつけることもできる。

動画をチェック

キャット＆ドッグ

両手《りょうて》と両《りょう》ヒザ、両足《りょうあし》をついた姿勢《しせい》から頭《あたま》をあげ、腹《はら》に力《ちから》を入《い》れて背中《せなか》を反《そ》らしてドッグポーズをとる。次《つぎ》に背《せ》中《なか》を丸《まる》めて頭《あたま》を下《さ》げてキャットポーズをとり、これを繰《く》り返《かえ》す。(5回《かい》)

肩甲骨《けんこうこつ》上下《じょうげ》運動《うんどう》

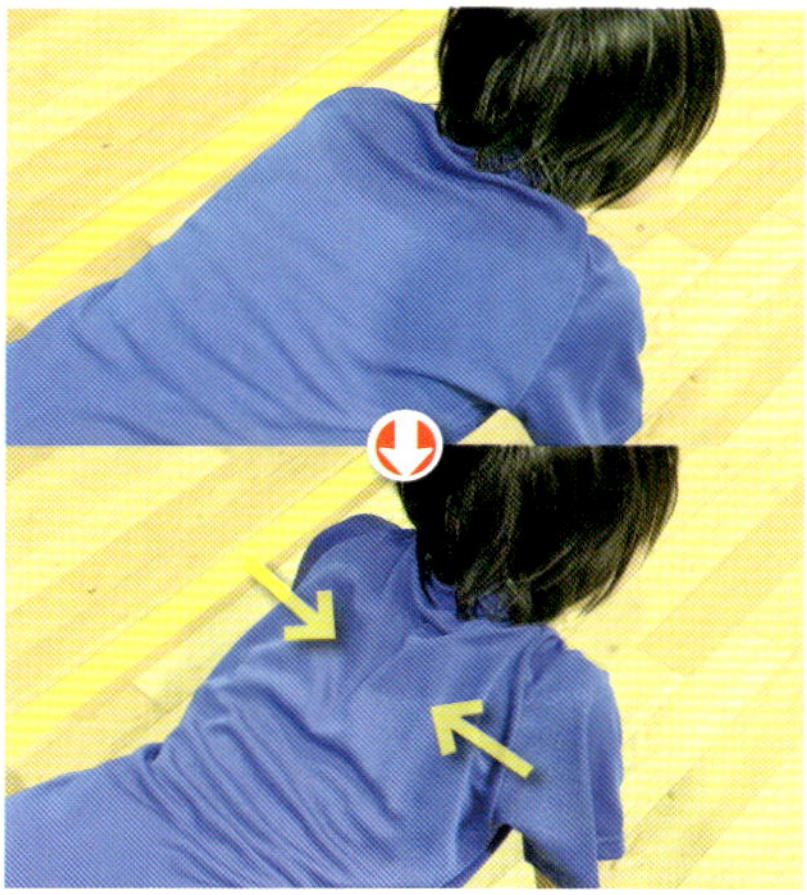

両手《りょうて》と両《りょう》ヒザ、両足《りょうあし》をついた姿勢《しせい》から肩甲骨《けんこうこつ》を上下《じょうげ》に動《うご》かす。肩甲骨《けんこうこつ》の開閉《かいへい》をイメージする。うまくできない場合《ばあい》は、ペアに肩甲骨《けんこうこつ》の動《うご》きを補助《ほじょ》してもらう。(5回《かい》)

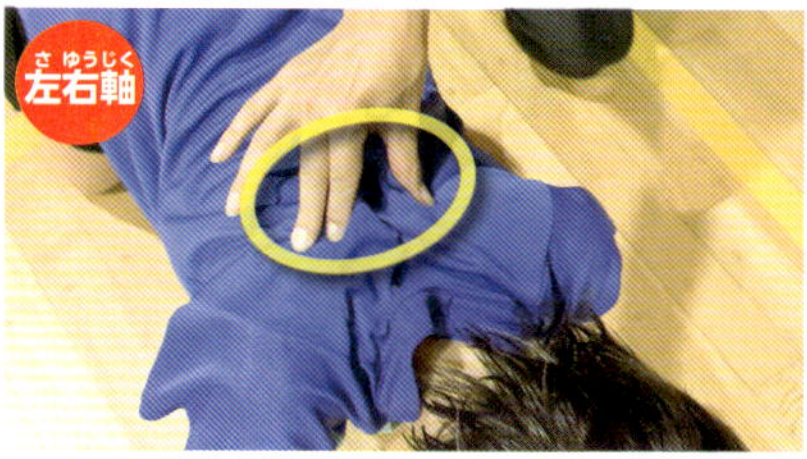

ツマ先《さき》スクワット

両手《りょうて》を頭《あたま》の後《うし》ろで組《く》み、ツマ先立《さきだ》ちになる。ヒザが前《まえ》に出《で》すぎないようにゆっくり腰《こし》を落《お》としスクワット。動作《どうさ》中《ちゅう》はツマ先立《さきだ》ちをキープして体《からだ》の軸《じく》で安定《あんてい》をはかる。(10回《かい》)

動画をチェック

イモムシ歩《ある》き

両手《りょうて》と両足《りょうあし》を床《ゆか》についてスタートの姿勢《しせい》をとり、片手《かたて》から前《まえ》につきもう片手《かたて》も前《まえ》へ運《はこ》ぶ。このとき足《あし》は動《うご》かさず、徐々《じょじょ》に体《からだ》をまっすぐ伸《の》ばす。伸《の》びきったところで足《あし》を小刻《こきざ》みに動《うご》かして前《まえ》に進《すす》み、スタートポジションに戻《もど》る。(10回《かい》)

カエルジャンプ

ツマ先《さき》を外《そと》に向《む》けた両足《りょうあし》を肩幅程度《かたはばていど》に開《ひら》き、腰《こし》を落《お》としてカエルの姿勢《しせい》に。股関節《こかんせつ》の筋肉《きんにく》を意識《いしき》して上方向《うえほうこう》へジャンプ。猫背《ねこぜ》にならず高《たか》く飛《と》び、着地《ちゃくち》は両足《りょうあし》で行《おこな》う。これを繰《く》り返《かえ》す。(10回《かい》)

ドロップスクワット & ジャンプ

仙骨《せんこつ》を意識《いしき》してパワーポジションをとり、ヒザを軽《かる》く曲《ま》げてスタート。台《だい》の手前《てまえ》から両足《りょうあし》ジャンプで台《だい》の上《うえ》へ。軽《かる》いジャンプで台《だい》から降《お》りたら、その場《ば》でジャンプしながら180°回転《かいてん》。同《おな》じ手順《てじゅん》で元《もと》の位置《いち》に戻《もど》る。(10回《かい》)

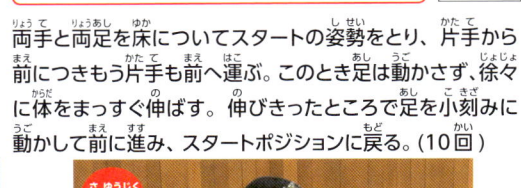

サイドルック

両手《りょうて》と両足《りょうあし》を床《ゆか》についた姿勢《しせい》からスタート。片方《かたほう》のヒジを曲《ま》げて上半身《じょうはんしん》のみを片側《かたがわ》に曲《ま》げる。このときお尻《しり》は逆側《ぎゃくがわ》へは動《うご》かさず、伸《の》ばしているヒジ側《がわ》のワキ腹《ばら》と背中《せなか》をしっかり伸《の》ばす。(5往復《おうふく》)

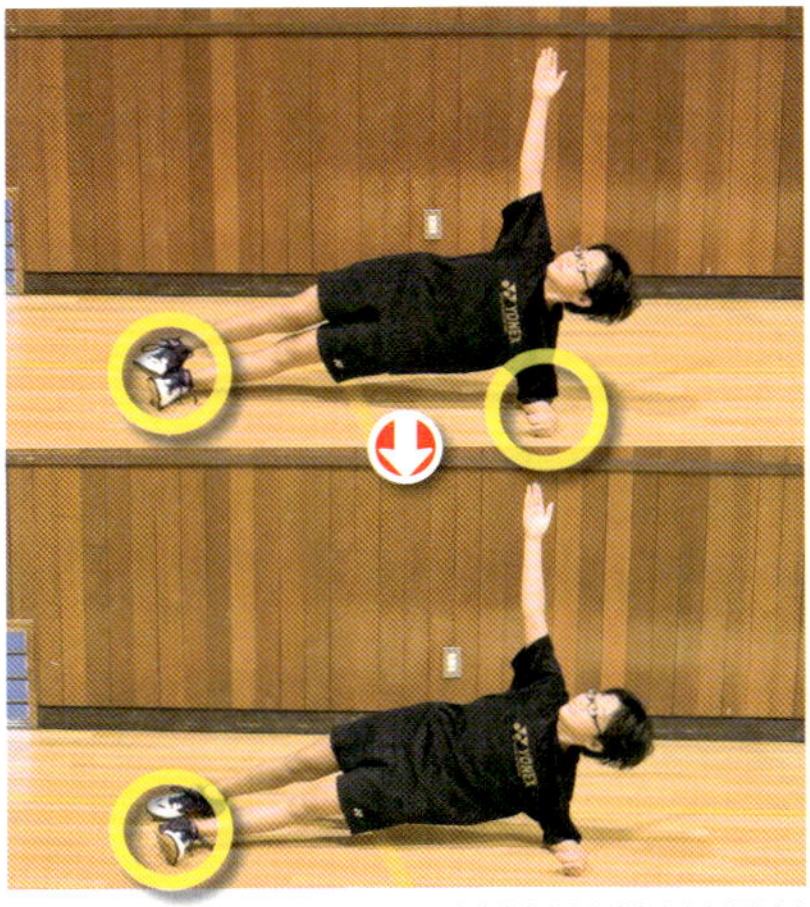

サイドブリッジ

両足《りょうあし》と片《かた》ヒジを床《ゆか》につき、体《からだ》を支《ささ》える。このとき体《からだ》の軸《じく》をまっすぐキープし、顔《かお》を上《うえ》に向《む》けて片手《かたて》を上《うえ》にあげる。その体勢《たいせい》から、揃《そろ》えている上《うえ》の足《あし》を前後《ぜんご》に動《うご》かせば負荷《ふか》がアップする。(20秒《びょう》)

胸椎回旋《きょうついかいせん》

片腕《かたうで》と両足《りょうあし》を床《ゆか》につけ、片腕《かたうで》を頭《あたま》の後《うし》ろに置《お》く。そこからヒジを先行《せんこう》して体《からだ》を開《ひら》き、胸椎《きょうつい》を回旋《かいせん》。このとき体《からだ》の軸《じく》は動《うご》かさず、開《ひら》いた体《からだ》をとじるようにして元《もと》の態勢《たいせい》に戻《もど》る。これを繰《く》り返《かえ》す。(左右《さゆう》5回《かい》ずつ)

動画をチェック

ランジ180度《ど》振《ふ》り返《かえ》り

両手《りょうて》を頭《あたま》の後《うし》ろで組《く》み、両足《りょうあし》を揃《そろ》えて立《た》つ。片足《かたあし》を大《おお》きく前《まえ》に踏《ふ》み出《だ》し、ヒザが90度《ど》になるまで腰《こし》を落《お》とす。落《お》とした姿勢《しせい》のまま180度《ど》体《からだ》を反転《はんてん》させ、さらに180度《ど》逆《ぎゃく》回転《かいてん》して元《もと》の姿勢《しせい》にもどる。次《つぎ》に右足《みぎあし》を大《おお》きく前《まえ》に踏《ふ》み出《だ》して同《おな》じ動作《どうさ》を交互《こうご》に繰《く》り返《かえ》す。(左右《さゆう》5回《かい》ずつ)

横《よこ》クマ歩《ある》き

両手《りょうて》と両足《りょうあし》を床《ゆか》につけ、腕《うで》を開《ひら》いたら足《あし》を閉《と》じ、腕《うで》を閉《と》じたら足《あし》を開《ひら》いて横《よこ》に進《すす》む。手《て》と足《あし》が離《はな》れすぎないよう逆立《さかだ》ちするような姿勢《しせい》をとる。

仰向《あおむ》け交差《こうさ》伸《の》ばし

床《ゆか》の上《うえ》に横《よこ》になり、両手《りょうて》をクロスさせて両《りょう》ヒザの上《うえ》に置《お》く。右手《みぎて》を上《うえ》に伸《の》ばすと同時《どうじ》に左足《ひだりあし》をまっすぐ伸《の》ばす。これを繰《く》り返《かえ》す。(左右《さゆう》5回《かい》ずつ)

クモ歩《ある》き

お腹《なか》を上《うえ》にして両手《りょうて》両足《りょうあし》で体《からだ》を浮《う》かせる。その体勢《たいせい》から手《て》と足《あし》を交互《こうご》に動《うご》かし、足方《あしほう》向《こう》に進《すす》む。頭《あたま》が上《あ》がりすぎて、でん部《ぶ》が下《さ》がらないように注意《ちゅうい》。逆方向《ぎゃくほうこう》も行《おこな》う。

トカゲ前進《ぜんしん》

低《ひく》い姿勢《しせい》から両手《りょうて》と両足《りょうあし》を床《ゆか》につき、伸《の》ばした手《て》と逆側《ぎゃくがわ》の足《あし》を後《うし》ろから前《まえ》に運《はこ》ぶ。次《つぎ》はその逆《ぎゃく》、これを繰《く》り返《かえ》す。手《て》足《あし》をしっかり引《ひ》きつけ、でん部《ぶ》が上《あ》がらないようにする。

飛行機《ひこうき》から軸足《じくあし》タッチ

片足《かたあし》だけで立《た》ち、両手《りょうて》を開《ひら》いて体《からだ》を倒《たお》す。このとき浮《う》いている足《あし》は後《うし》ろにまっすぐ伸《の》ばす。開《ひら》いている手《て》を維持《いじ》しながら、左《さ》右《ゆう》の手《て》で順番《じゅんばん》に軸足《じくあし》にタッチ。これを繰《く》り返《かえ》す。(左右《さゆう》5回《かい》)

ヒップローテーション

背筋《せすじ》を伸《の》ばして、両手《りょうて》と片《かた》ヒザを床《ゆか》につく。片足《かたあし》を回《まわ》して股関節《こかんせつ》で円《えん》を描《えが》くようにしてから、後《うし》ろにまっすぐ伸《の》ばす。上《あ》げた方《ほう》のヒザが下《さ》がらないように注意《ちゅうい》する。

コツ43

レベル ★☆☆

フットワーク

ジュニア期《き》に必要《ひつよう》なトレーニングを優先《ゆうせん》する

ここが伸《の》びる バドミントンに必要《ひつよう》な身体的《しんたいてき》な要素《ようそ》としては、スタミナやアジリティー(敏《びん》しょう性《せい》)、筋力、パワー、スピードなどがある。シャトルを打《う》たないトレーニングもジュニア世代《せだい》の強化《きょうか》に欠《か》かせない。

マシンフットワーク

数字《すうじ》の点灯《てんとう》の位置《いち》やスピードに応じて、フォアハンドやバックハンド、スマッシュやプッシュなど、ショットの種類《しゅるい》を決《き》めて、ランダムに表示《ひょうじ》される数字《すうじ》に対《たい》してすばやく反応《はんのう》してスイングする。

SAQが優先《ゆうせん》される ジュニア世代《せだい》のトレーニング

ジュニア世代《せだい》では特《とく》にSAQという**重心移動《じゅうしんいどう》の速《はや》さ「スピード」と体《からだ》をコントロールする能力《のうりょく》「アジリティー」、反応《はんのう》してからすばやく動《うご》き出《だ》す能力《のうりょく》「クイックネス」の要素《ようそ》を徹底的《てっていてき》にトレーニングする。**フットワークのトレーニングやボールなどの軽《かる》い負荷《ふか》を使《つか》ったトレーニングでバドミントンの動作《どうさ》を徹底的《てっていてき》にマスターしていく。

パワーやスタミナの向上《こうじょう》を目的《もくてき》とする本格的《ほんかくてき》トレーニングは、ジュニア期《き》以《い》降《こう》からの取《と》り組《く》みで構《かま》わない。

足《あし》を開《ひら》いてメディシンボールを持《も》ち、足《あし》の間《あいだ》から頭《あたま》の後《うし》ろに振《ふ》りかぶる。体《からだ》を大《おお》きく反《そ》らしてから、体《からだ》の軸《じく》を意識《いしき》しながらボールをまっすぐ前方《ぜんぽう》に投《な》げる。オーバーヘッドストロークの動作をイメージする。

ラケットを持《も》つ方《ほう》の手《て》にボールを持《も》ち、足《あし》を大《おお》きく踏《ふ》み出《だ》しながらボールを前《まえ》に転《ころ》がす。このとき軸《じく》がブレないよう注意《ちゅうい》し、フォアハンドのアンダーハンドストロークの動作《どうさ》をイメージする。

動画をチェック

ボールトレーニング③

バックハンド側《がわ》で手《て》にボールを持《も》ち、足《あし》を大《おお》きく踏《ふ》み出《だ》してからボールを前《まえ》に転《ころ》がす。このとき軸《じく》がブレないよう注意《ちゅうい》し、バックハンドのアンダーハンドストロークの動作《どうさ》をイメージする。

ボールトレーニング④

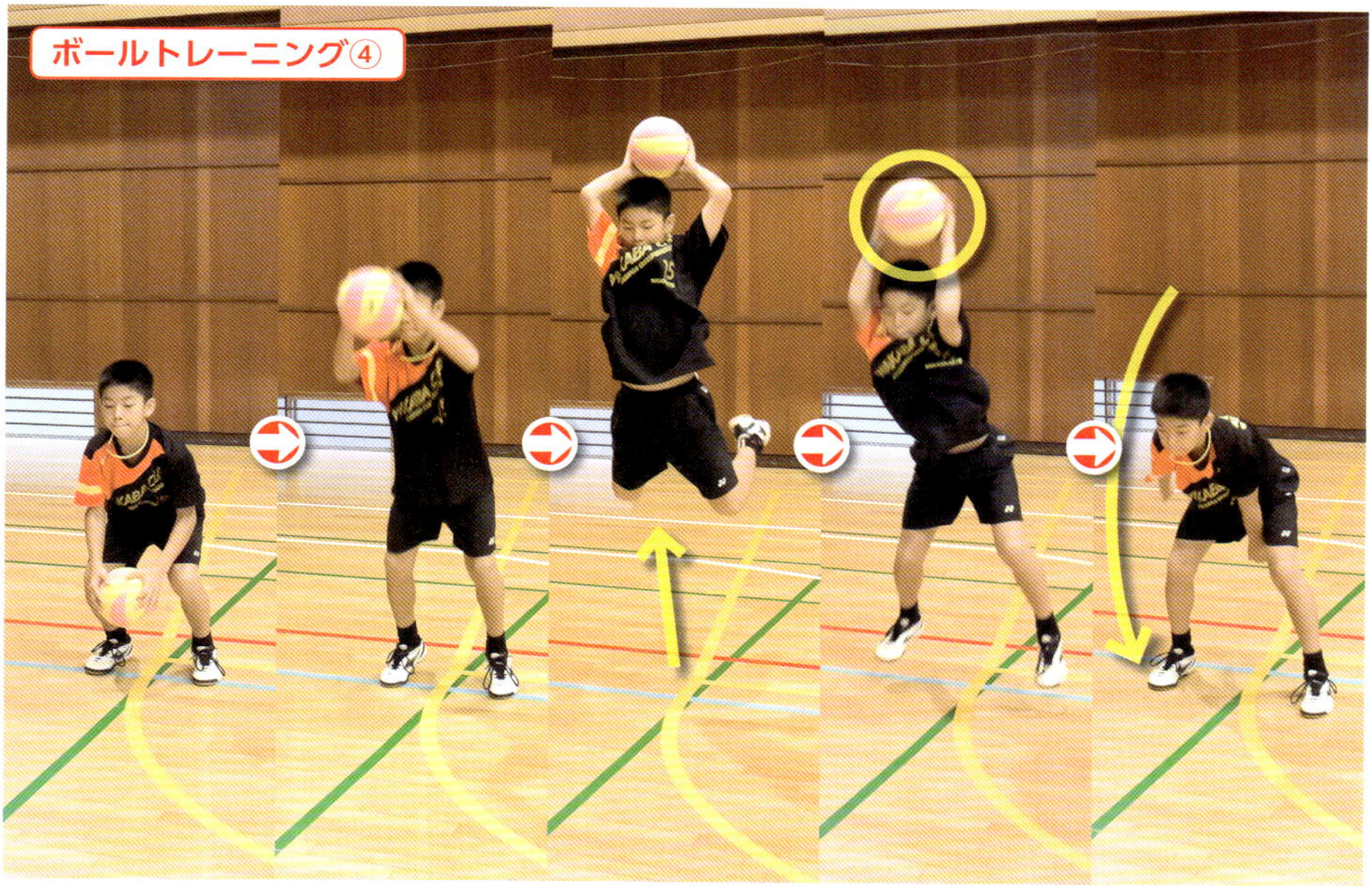

足《あし》を開《ひら》いてメディシンボールを持《も》ち、足《あし》の間《あいだ》から頭《あたま》の後《うし》ろに振《ふ》りかぶる。上方《じょうほう》にジャンプしてから、体《からだ》の軸《じく》を意識《いしき》しながらボールを前方《ぜんぽう》に叩《たた》きつける。スマッシュの動作をイメージする。

メディシンボールトレーニング①

ノックする人《ひと》が手《て》にメディシンボール(500g)を持《も》ち、ボールを軽《かる》く投《な》げる。選手《せんしゅ》は足《あし》を踏《ふ》み込《こ》んでそのボールを拾《ひろ》う。体《からだ》の軸《じく》がブレないよう、軽《かる》い物《もの》を受《う》けるようにボールをキャッチする。フォアハンド側《がわ》とバックハンド側《がわ》で行《おこな》う。

メディシンボールトレーニング②

ノックする人《ひと》が手《て》にボールを持《も》ち、ボールを上《うえ》へ投《な》げる。選手《せんしゅ》は立《た》ち姿勢《しせい》のまま、上半身《じょうはんしん》を動《うご》かしてボールを拾《ひろ》う。体《からだ》から遠《とお》いボールに対《たい》しても体《からだ》の軸《じく》がブレないようボールをキャッチ。フォア側《がわ》とラウンド側《がわ》で行《おこな》う。

コツ44

レベル ★★☆

ノック

目的《もくてき》に合《あ》わせたノックで練習《れんしゅう》する

ここが伸《の》びる ノッカーがシャトルを手《て》で投《な》げるノックとラケットで出《だ》す実《じつ》戦《せん》ノックがある。コートを使《つか》える限《かぎ》られた時間《じかん》を有効活用《ゆうこうかつよう》するためにも目的《もくてき》や人数《にんずう》にあった練習《れんしゅう》を取《と》り入《い》れる。

ノックには手《て》で出《だ》す「ハンドフィード」とラケットで出《だ》す「ラケットフィード」がある。

ノックを通《つう》じてアジリティーも鍛《きた》える

「ノック」は実際《じっさい》にシャトルを打《う》つトレーニングだ。**ノックの目的《もくてき》は、あらゆる状況《じょうきょう》や体勢《たいせい》から正確《せいかく》なショットが打《う》てるよう練習《れんしゅう》すること。続《つづ》けて10回返球《かいへんきゅう》するなど、回数《かいすう》を設《もう》けることでアジリティー的《てき》な要素《ようそ》も鍛《きた》えられる。**

手《て》で投《な》げるノックは狭《せま》いエリアで連《れん》続《ぞく》した動《うご》きをスピーディーに行《おこな》うときに適《てき》している。ラケットフィードではコートを広《ひろ》く使《つか》い、あらゆる状況《じょうきょう》やコースを想定《そうてい》した返球《へんきゅう》を練習《れんしゅう》する。

動画をチェック

ノッカーは手投《てな》げでシャトルをラウンド奥《おく》とフォア前《まえ》に交互《こうご》に出《だ》す。選手《せんしゅ》は前《まえ》で 2 本拾《ほんひろ》ったら、後《こう》方横《ほうこう》のシャトルを続《つづ》けて 2 本返球《ほんへんきゅう》する。フィードをランダムにすればより実践的《じっせんてき》。

①の逆《ぎゃく》パターン。ノッカーは手投《てな》げでシャトルをフォア奥《おく》とバック前《まえ》に出《だ》す。選手《せんしゅ》は前《まえ》で拾《ひろ》ったら、後《うしろ》方向《ほうこう》のシャトルを続《つづ》けて 2 本返球《ほんへんきゅう》する。こちらもフィードをランダムにすれば負荷《ふか》があがる。

動画をチェック

ハンドフィード　スピードノック③

ノッカーは選手横《せんしゅうよこ》の左右《さゆう》に 1 球《きゅう》ずつ、前《まえ》の左右《さゆう》に 1 球《きゅう》ずつシャトルを出《だ》す。選手《せんしゅ》はシャトルを左横《ひだりよこ》・左《ひだり》前《まえ》、右横《みぎよこ》・右前《みぎまえ》の順《じゅん》に拾《ひろ》い、続《つづ》けて返球《へんきゅう》する。順序《じゅんじょ》を工夫《くふう》すれば、様々《さまざま》なバリエーションがつくれる。

ハンドフィード　スピードノック④

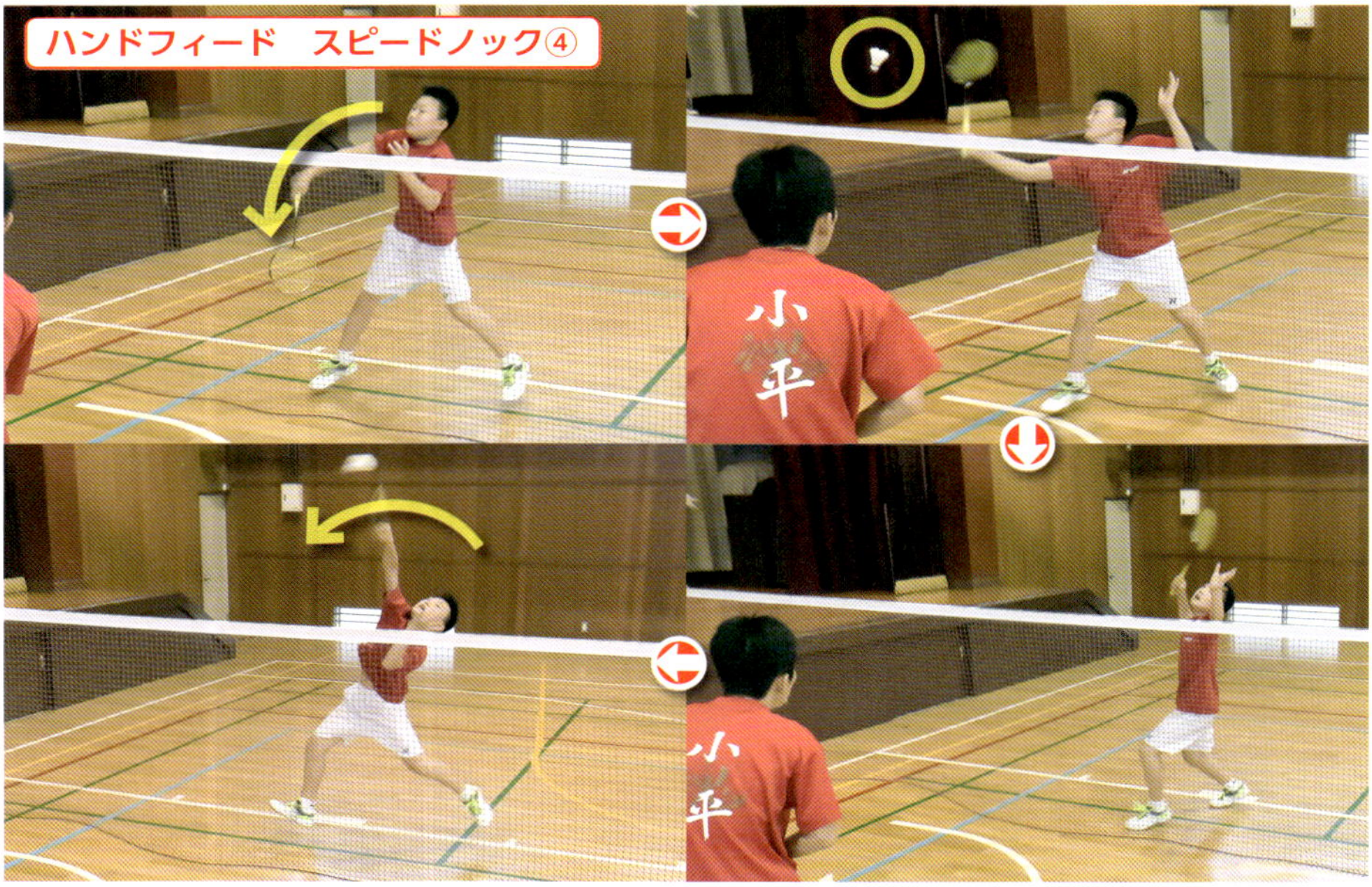

フィーダーはダブルスのフロントを想定《そうてい》して球出《たまだ》しする。1 打目《だめ》バックハンドでプッシュ（写真はフォアハンド）。2 打目《だめ》フォアハンドでプッシュ、3 打目《だめ》に跳《と》びついて、ラウンド側《がわ》からアタック。（逆《ぎゃく》サイドも実施《じっし》する）

ラケットフィード　スタミナノック①

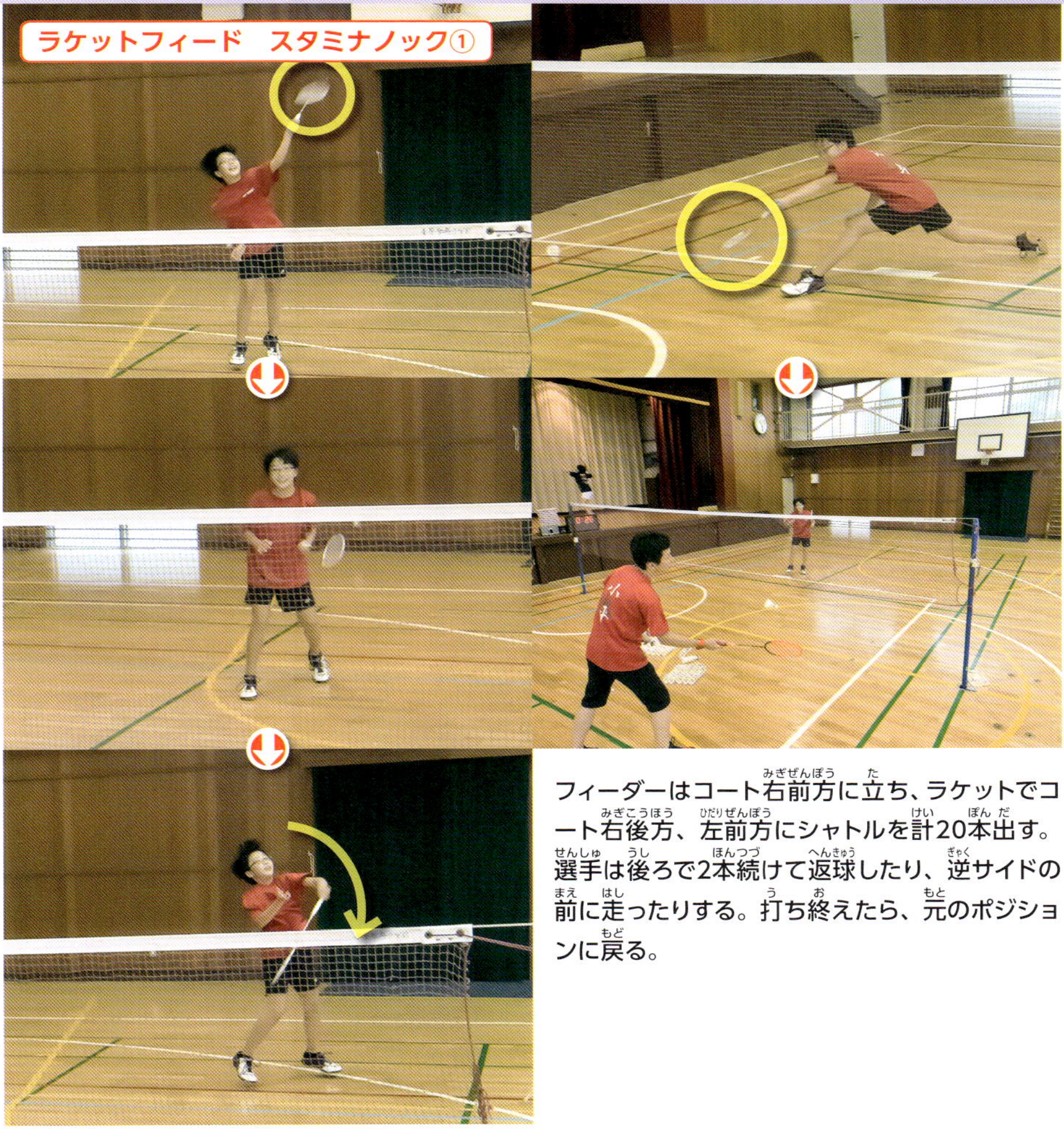

フィーダーはコート右前方《みぎぜんぽう》に立《た》ち、ラケットでコート右後方《みぎこうほう》、左前方《ひだりぜんぽう》にシャトルを計《けい》20本出《ぽんだ》す。選手《せんしゅ》は後《うし》ろで2本続《ほんつづ》けて返球《へんきゅう》したり、逆《ぎゃく》サイドの前《まえ》に走《はし》ったりする。打《う》ち終《お》えたら、元《もと》のポジションに戻《もど》る。

ラケットフィード　スタミナノック②

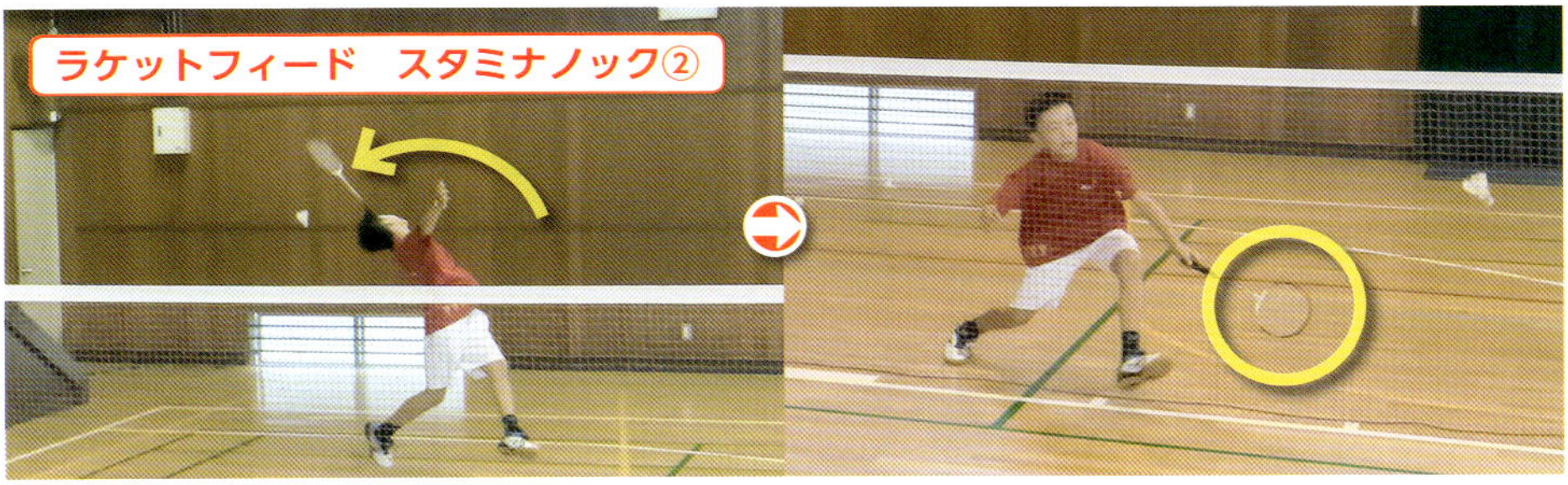

①の逆《ぎゃく》パターン。ノッカーはラケットでコート左後方《ひだりこうほう》、右前方《みぎぜんぽう》にシャトルを計《けい》20本出《ほんだ》す。選手《せんしゅ》は後《うし》ろで2本続《ほんつづ》けて返球《へんきゅう》したり、逆《ぎゃく》サイドの前《まえ》で2本続《ほんつづ》けて返球《へんきゅう》したりで、元《もと》のポジションに戻《もど》る。

ラケットフィード　スタミナノック③

フィーダーはコート右後方《みぎこうほう》に立《た》ち、選手《せんしゅ》の左後方《ひだりこうほう》と右前方《みぎぜんぽう》の2ヶ所《しょ》にランダムに20打《だ》シャトルを出《だ》す。選手《せんしゅ》はこれをクリアやロブで返球《へんきゅう》。(逆《ぎゃく》サイドも実施《じっし》する。)

ダブルスのフォーメーション「サイドバイサイド」の守備《しゅび》を強化《きょうか》する。選手《せんしゅ》2名《めい》がペアとなり、横並《よこなら》びになってコートに入《はい》る。フィーダーは選手《せんしゅ》に向《む》かって勢《いきお》いのあるスマッシュをランダムに打《う》ち込《こ》む。フィーダーはセンターのクリアーやセンターのドロップもまぜるようにする。選手《せんしゅ》はシャトルに対し、すばやく反応《はんのう》して返球《へんきゅう》する。フィーダーの立《た》ち位置《いち》で選手《せんしゅ》のポジションを変《か》えられるよう意識《いしき》しておきたい。

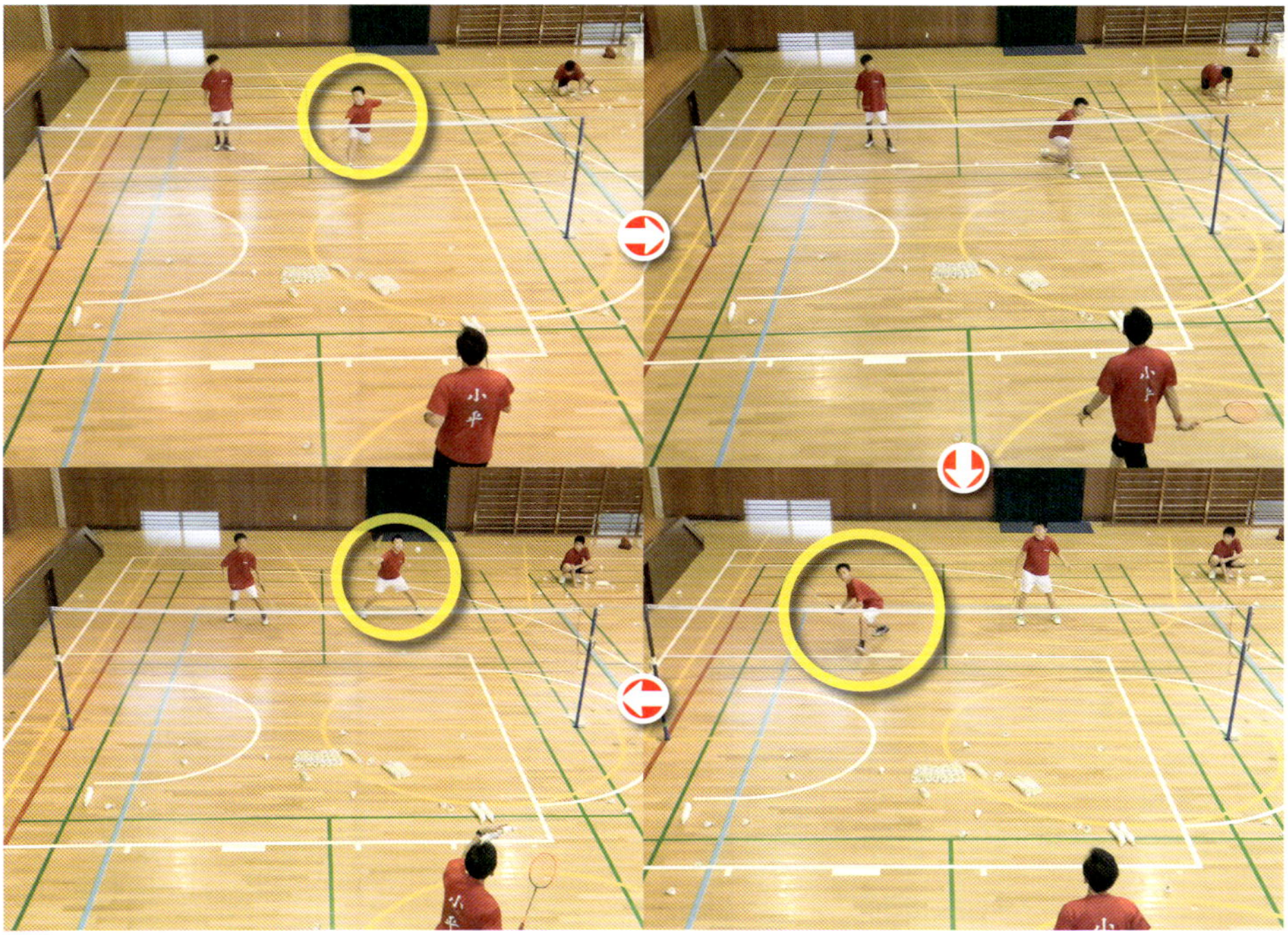

コツ45

レベル ★☆☆

パターン練習《れんしゅう》

実戦《じっせん》を想定《そうてい》してシャトルを打《う》つ

ここが伸びる

コート上《じょう》に複数《ふくすう》の選手《せんしゅ》が入《はい》り、実戦《じっせん》のラリーを想定《そうてい》するのがパターン練習《れんしゅう》だ。受《う》ける側《がわ》の選手《せんしゅ》はもちろん、シャトルを出《だ》す側《がわ》も狙《ねら》いどころを理解《りかい》することで、両者《りょうしゃ》がレベルアップできる。

選手《せんしゅ》と相手役《あいてやく》が練習《れんしゅう》を理解《りかい》して相乗効果《そうじょうこうか》につなげる

パターン練習《れんしゅう》では、練習《れんしゅう》する選手《せんしゅ》に対《たい》し、相手役《あいてやく》を2～3人《にん》としてラリーを行う。相手役《あいてやく》は練習《れんしゅう》の目的《もくてき》を理解《りかい》したうえで、シャトルを出《だ》すべき位置《いち》にコントロールしなければならない。**そうすることで自分自身《じぶんじしん》の技術《ぎじゅつ》が向上《こうじょう》し、試合《しあい》での狙《ねら》いどころや攻撃《こうげき》パターンが身《み》につく。**

返球《へんきゅう》する選手《せんしゅ》は相手《あいて》の攻撃《こうげき》パターンを体《からだ》で覚《おぼ》え、不利《ふり》な状況《じょうきょう》でも粘《ねば》り強《づよ》くラリーを続《つづ》ける。できるだけミスをなくすことを心《こころ》がけよう。

1対《たい》3でディフェンス強化《きょうか》

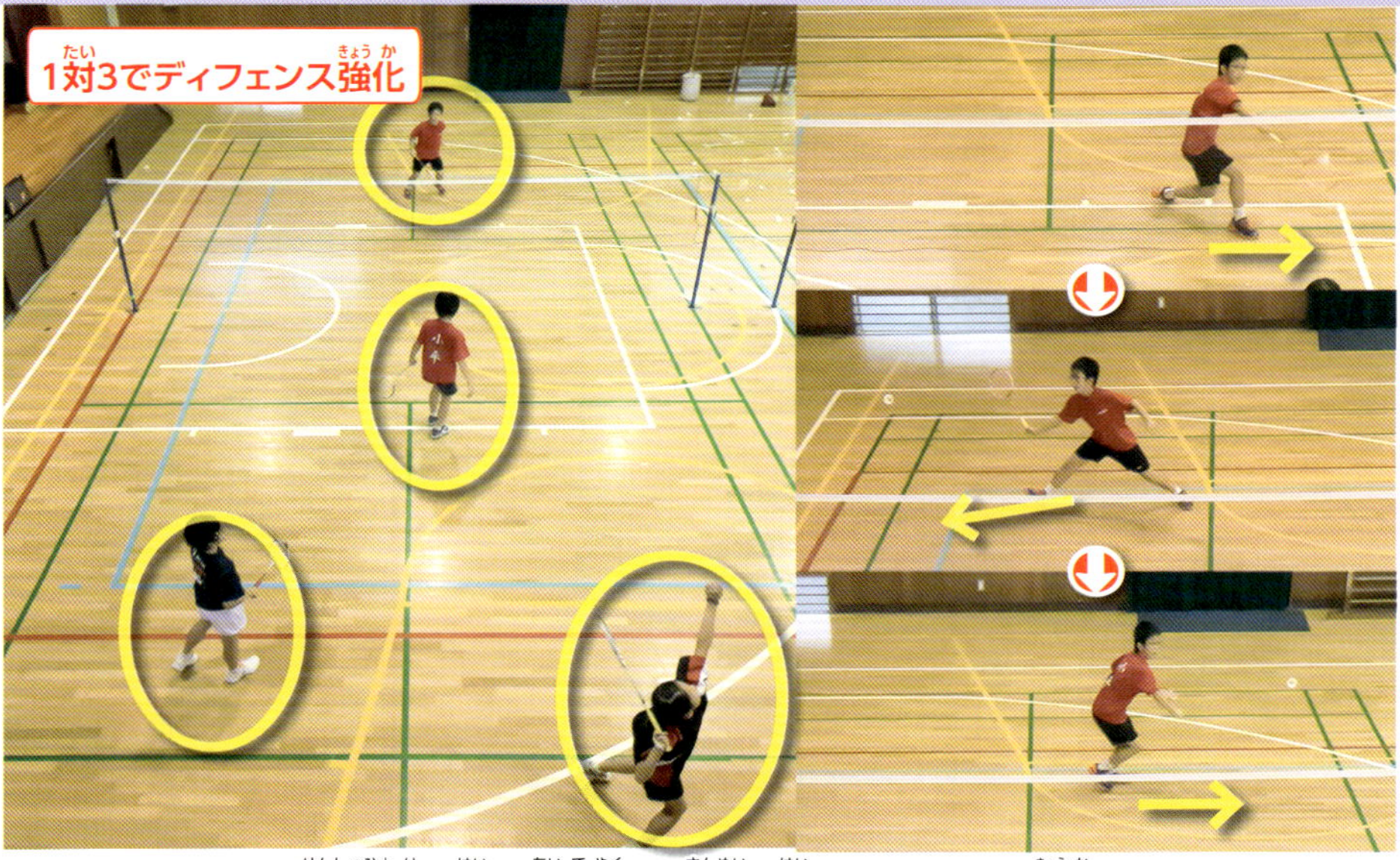

シングルスのコートに選手一人《せんしゅひとり》が入《はい》り、相手役《あいてやく》には三名《さんめい》が入《はい》りディフェンスを強化《きょうか》する。3のストレートへのスマッシュを1がクロスにショートリターン。3はストレートにネット。1がストレートに上《あ》げたロブを3はストレートにスマッシュ。逆《ぎゃく》サイドで同《おな》じパターンを続《つづ》ける。

1対《たい》2でオフェンス強化《きょうか》

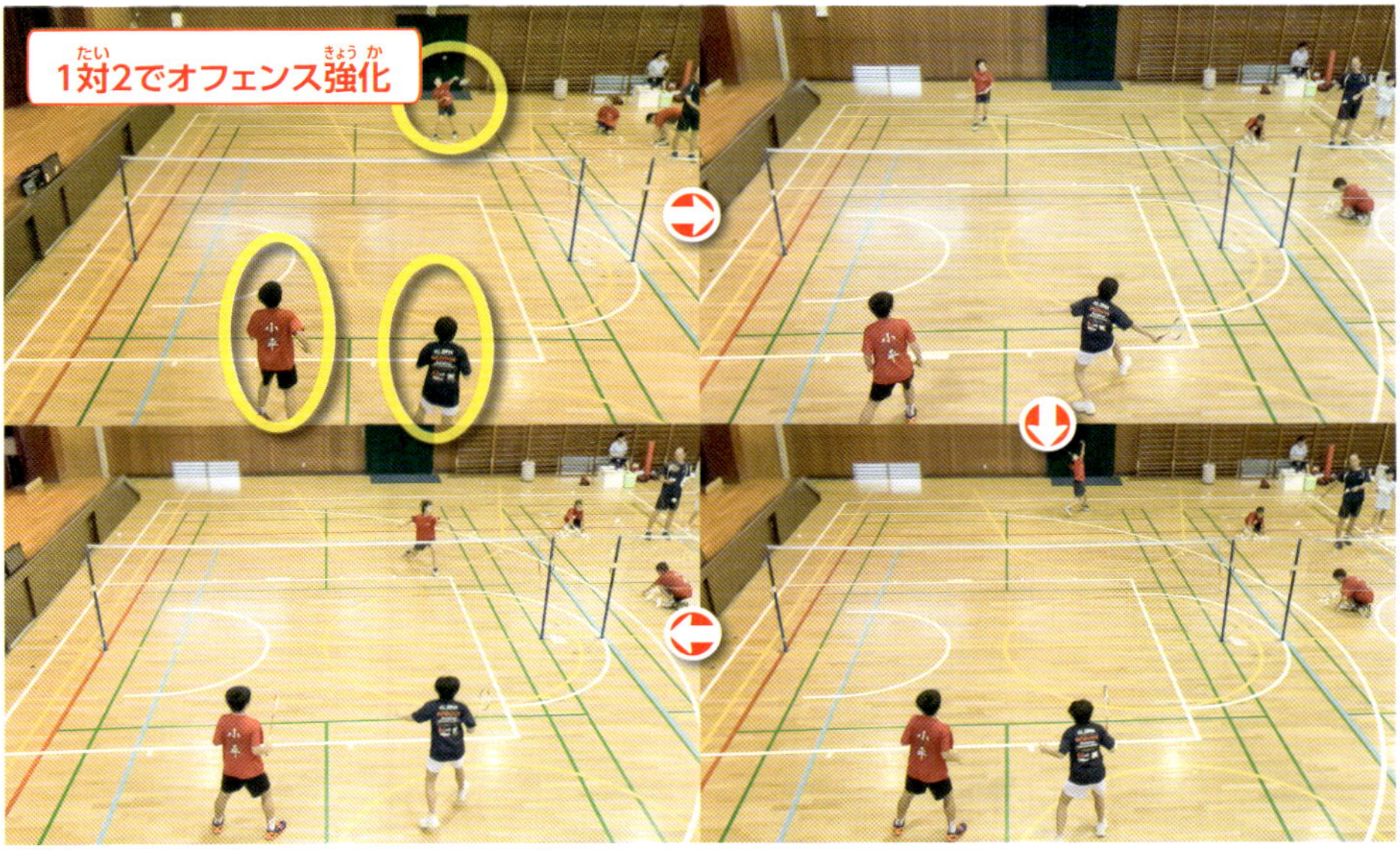

シングルスのコートに選手一人《せんしゅひとり》が入《はい》り、相手役《あいてやく》には二名《にめい》が入《はい》り 1 のオフェンスを強化《きょうか》する。1 がクロスへカットを打《う》ったら、2 はストレートにロブ。1 はストレートにスマッシュを打《う》ち、2 はストレートのショートリターンで返球《へんきゅう》する。さらに 1 がネットで返球《へんきゅう》した球《たま》を 2 はストレートにロブ。逆《ぎゃく》サイドで同《おな》じパターンを続《つづ》ける。

クロスネットの強化《きょうか》

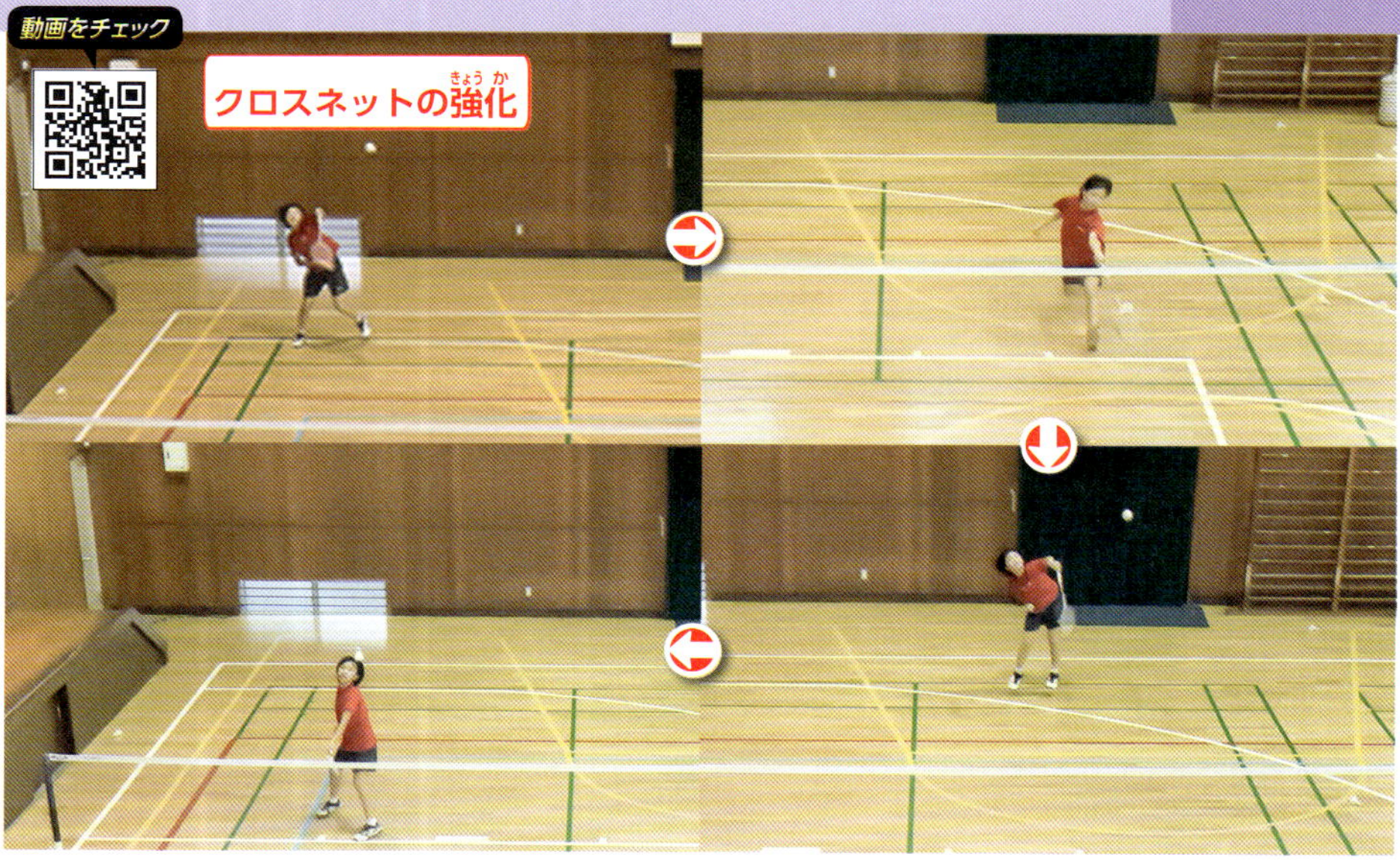

シングルスのコートに選手一人《せんしゅひとり》が入《はい》り、相手役《あいてやく》には二名《にめい》が入《はい》りクロスネットを中心《ちゅうしん》とした技術《ぎじゅつ》を強化《きょうか》。1・2ともに使《つか》えるショットはクロスクリアー、クロスネット、ストレートカット、ストレートロブの4種《しゅ》のみでパターンを構成《こうせい》する。そのなかでランダムにやってもよい。

シングルスのパターン強化《きょうか》

シングルスのコートに選手一人《せんしゅひとり》が入《はい》り、相手役《あいてやく》には二名《にめい》が入《はい》り試合《しあい》でよく使《つか》われるパターン練習《れんしゅう》。1がクロスにスマッシュした球《たま》を2がストレートにショートリターン。1はストレートにアタックロブ。2はストレートのクリアーで逃《に》げる。1は逆《ぎゃく》クロスにスマッシュ。ここから逆《ぎゃく》サイドで同《おな》じパターンを続《つづ》ける。

ジュニア
バドミントン
Q&A

コツ46

レベル ★★★

スマッシュのスピードに対応《たいおう》できない

日常《にちじょう》から動体視力《どうたいしりょく》を養《やしな》う

スマッシュの最高初速《さいこうしょそく》は400km/hを超《こ》える

バドミントンでは、インパクト直後《ちょくご》にシャトルの飛《と》ぶ方向《ほうこう》を見極《みきわ》め、どこを狙《ねら》って返球《へんきゅう》すれば有利《ゆうり》になるかを瞬時《しゅんじ》に判断《はんだん》する。

そのためには動《うご》くものを視界《しかい》につかまえる能力《のうりょく》である「動体視力《どうたいしりょく》」が大切《たいせつ》。バドミントンの技術《ぎじゅつ》と同様《どうよう》に「目《め》」の力《ちから》を養《やしな》う必要《ひつよう》がある。

動体視力《どうたいしりょく》を鍛《きた》えるトレーニングソフトなどもあるが、動《うご》く車《くるま》や電車《でんしゃ》からお店《みせ》や道路《どうろ》の標識文字《ひょうしきもじ》を読《よ》むだけでもトレーニングになる。

コツ47
レベル ★★★

対戦相手《たいせんあいて》の様子《ようす》を冷静《れいせい》に見《み》る

競《せ》った試合《しあい》になると負《ま》ける

競《せ》った試合《しあい》になるという心《こころ》の準備《じゅんび》で戦《たたか》う

高《たか》いレベルのバドミントンの試合《しあい》では、競《せ》った試合《しあい》になるのが当《あ》たり前《まえ》になっている。それだけ選手《せんしゅ》のレベルがあがっている証拠《しょうこ》だが、選手《せんしゅ》は、まず「簡単《かんたん》に勝《か》てる試合《しあい》はない」ということを理解《りかい》すべきだ。

技術《ぎじゅつ》や戦術《せんじゅつ》というより「メンタル」に原因《げんいん》があることも多《おお》いのは確《たし》か。自分《じぶん》が試合《しあい》で苦《くる》しいときは、相手《あいて》の状況《じょうきょう》が見《み》えなくなりがちだが、多《おお》くの場合《ばあい》は実《じつ》は相手《あいて》も同《おな》じ状況《じょうきょう》なのだと理解《りかい》し、冷静《れいせい》に相手《あいて》の表情《ひょうじょう》や動作《どうさ》をみて判断《はんだん》していけば、攻略《こうりゃく》のきっかけも見《み》えてくるはずだ。

コツ48

レベル ★★★

強《つよ》いクラブチームをつくるためには?

指導者《しどうしゃ》と選手《せんしゅ》、保護者《ほごしゃ》で協力体制《きょうりょくたいせい》をつくる

強《つよ》い選手《せんしゅ》だけでは結果《けっか》にはつながらない

全国大会《ぜんこくたいかい》を勝《か》ち抜《ぬ》くには、対戦相手《たいせんあいて》を分析《ぶんせき》したり、試合《しあい》に勝《か》つための戦術《せんじゅつ》を考《かんが》える指導者《しどうしゃ》の役割《やくわり》も重要《じゅうよう》。しかし「強《つよ》いクラブチーム」を運営《うんえい》するには、それだけでは足《た》りない。

日頃《ひごろ》の練習《れんしゅう》を率先《そっせん》して取《と》りまとめるキャプテンや上級生《じょうきゅうせい》、さらにヒッティングパートナーとなったり、クラブの運営《うんえい》に関《かか》わる保護者《ほごしゃ》の存在《そんざい》は欠《か》かせない。指導者《しどうしゃ》と選手《せんしゅ》、そして保護者《ほごしゃ》の協力体勢《きょうりょくたいせい》が強《つよ》いクラブチームをつくることを理解《りかい》しよう。

コツ
49
レベル
★★★

試合《しあい》になると実力《じつりょく》が発揮《はっき》できない

日々《ひび》の練習《れんしゅう》に具体性《ぐたいせい》を持《も》たせる

練習《れんしゅう》ノートをつけ 自分《じぶん》のプレーを見《み》つめ直《なお》す

ジュニアでは全国《ぜんこく》レベルのチームでもメンタルトレーナーのサポートを受《う》けているわけではない。しかし中学《ちゅうがく》や高校《こうこう》で実績《じっせき》をあげている学校《がっこう》は今《いま》やメンタルトレーナーを採用《さいよう》しているチームもあり、それが強《つよ》いジュニア選手《せんしゅ》の育成《いくせい》にも求《もと》められる要素《ようそ》となりつつあり、今後は無視《むし》できない。

当面《とうめん》は選手《せんしゅ》としては練習《れんしゅう》ノートをつけるなど、**自分自身《じぶんじしん》のやってきたことやプレーを見《み》つめ直《なお》すことが大事《だいじ》。指導者《しどうしゃ》としては、日々《ひび》の練習《れんしゅう》に具体性《ぐたいせい》を持《も》たせる**ことで、試合《しあい》での選手の「自信《じしん》」につなげることができる。

コツ50

レベル ★★★

オン・オフを設《もう》けてレベルアップする

自分《じぶん》の練習量《れんしゅうりょう》は適正《てきせい》か

つめ込《こ》みはバドミントンのプラスにならない

小平《こだいら》ジュニアの場合《ばあい》、週《しゅう》4回《かい》のクラブ練《れん》習《しゅう》と2日《か》の個人練習《こじんれんしゅう》があり、完全《かんぜん》なオフは1日《にち》しかない。しかし、これは全国《ぜんこく》トップレベルのチームとしては決《けっ》して多《おお》い方《ほう》ではない。

週《しゅう》1日《にち》をオフにすることで体《からだ》のメンテナンスや休養《きゅうよう》にあてる。日々《ひび》の練習《れんしゅう》でもストレッチやクールダウンをしっかりとることで、ケガの防止《ぼうし》や疲労軽減《ひろうけいげん》となる。終了《しゅうりょう》直前《ちょくぜん》まで練習《れんしゅう》し、クールダウンを怠《おこた》るようでは、使《つか》った包丁《ほうちょう》を洗《あら》わず錆《さ》びさせるようなもので、体《からだ》に悪影響《あくえいきょう》が出《で》てしまう。

チーム紹介《しょうかい》(2016年《ねん》)

小平《こだいら》ジュニアバドミントンクラブ

1977年《ねん》に創設《そうりつ》された、東京都小平市《とうきょうとこだいらし》を中心《ちゅうしん》に活動《かつどう》を行《おこな》うバドミントンクラブ。男子《だんし》チームは、2008年《ねん》から2010年《ねん》で若葉《わかば》カップ全国小学生《ぜんこくしょうがくせい》バドミントン大会《たいかい》を3連覇《れんぱ》。2016年《ねん》には6年《ねん》ぶり4度目《どめ》の優勝《ゆうしょう》を飾《かざ》る。2013年《ねん》には同大会《どうたいかい》で女子《じょし》チームが優勝《ゆうしょう》。2018年《ねん》から女子《じょし》は2連覇《れんぱ》を果《は》たしている。第《だい》14回全国小学生《かいぜんこくしょうがくせい》選手権《せんしゅけん》6年生以下男子《ねんせいいかだんし》シングルス優勝《ゆうしょう》。第《だい》22回全国小学生選手権《かいぜんこくしょうがくせいせんしゅけん》5年生以下男子《ねんせいいかだんし》シングルス優勝第《ゆうしょうだい》20回《かい》全国小学生《ぜんこくしょうがくせい》ABC大会女子《たいかいじょし》A優勝《ゆうしょう》、女子《じょし》B優勝《ゆうしょう》など、数々《かずかず》の大会《たいかい》で好成績《こうせいせき》を残《のこ》している。シドニーオリンピック(2000年《ねん》)、アテネオリンピック(2004年《ねん》)出場《しゅつじょう》の米倉加奈子《よねくらかなこ》やアテネオリンピック(2004年《ねん》)、北京《ぺきん》オリンピック(2008年《ねん》)出場《しゅつじょう》の佐藤翔治《さとうしょうじ》、元《もと》ナショナルチームでトマス杯優勝《はいゆうしょう》メンバーの上田拓馬《うえだたくま》、全日本社会人《ぜんにほんしゃかいじん》選手権《せんしゅけん》(2018年《ねん》)優勝《ゆうしょう》の鈴木温子《すずきあつこ》、ナショナルチームB代表《だいひょう》の柴田一樹《しばたかずき》・山田尚輝《やまだなおき》、ナショナルチームA代表《だいひょう》で2018年全英混合《ねんぜんえいこんごう》ダブルス・2020年全英男子《ねんぜんえいだんし》ダブルス優勝《ゆうしょう》、東京《とうきょう》オリンピック(2021年《ねん》)・パリオリンピック(2024年《ねん》)混合《こんごう》ダブルス銅《どう》メダルの渡辺勇大《わたなべゆうた》などを輩出《はいしゅつ》。

以下《いか》のURLより動画《どうが》の一覧《いちらん》を確認《かくにん》できます

https://gig-sports.com/category/esb

監《かん》修《しゅう》者《しゃ》

城戸友行《きどともゆき》

小平《こだいら》ジュニアバドミントンクラブ　監督《かんとく》

1962年《ねん》生《う》まれ。京都府出身《きょうとふしゅっしん》。中学《ちゅうがく》からバドミントンを始《はじ》め、早稲田大学時代《わせだだいがくじだい》はインカレにも出場《しゅつじょう》。卒業後《そつぎょうご》、國學院久我山中学高等学校《こくがくいんくがやまちゅうがくこうとうがっこう》の教員《きょういん》となり、バドミントン部《ぶ》を立《た》ち上《あ》げて1998年全国選抜出場《ねんぜんこくせんばつしゅつじょう》。個人戦《こじんせん》でも選抜《せんばつ》、インターハイに導《みちび》いた。2005年小平《ねんこだいら》ジュニアバドミントンクラブの監督《かんとく》に就任《しゅうにん》。その翌年《よくとし》にABC大会《たいかい》、全国小学生大会《ぜんこくしょうがくせいたいかい》での優勝《ゆうしょう》、2008年《ねん》から若葉《わかば》カップ男子《だんし》3連覇《れんぱ》。また、女子《じょし》は2013年若葉《わかば》カップ初優勝《はつゆうしょう》。2016年《ねん》には男子《だんし》を6年《ねん》ぶり4度目《どめ》の優勝《ゆうしょう》に導《みちび》き、2018年《ねん》から若葉《わかば》カップ女子《じょし》2連覇《れんぱ》を果《は》たした。公益財団法人日本《こうえきざいだんほうじんにほん》スポーツ協会公認《きょうかいこうにん》スポーツ指導者《しどうしゃ》バドミントンコーチ4 (旧《きゅう》・上級《じょうきゅう》コーチ)

動《どう》画《が》モデル（2024年《ねん》）

動画付き改訂版　小学生のバドミントン
上達のコツ50

2024年12月25日　第1版・第1刷発行

監修者　城戸　友行　(きど　ともゆき)
発行者　株式会社メイツユニバーサルコンテンツ
　　　　代表者　大羽　孝志
　　　　〒102-0093東京都千代田区平河町一丁目1-8
印　刷　株式会社厚徳社

ご意見・ご感想はホームページから承っております。
ウェブサイト　https://www.mates-publishing.co.jp/

企画担当：堀明研斗

※本書は2021年発行の『試合で勝てる！小学生のバドミントン　上達のコツ50 新装版』を基に、新たな動画コンテンツの付与と、内容の確認と必要な修正、書名・装丁の変更を行い、「改訂版」として新たに発行したものです。